Mapeando o Edital

MINISTÉRIO PÚBLICO FEDERAL

De olho no 30º Concurso

Coordenadores
Alan Mansur
Mila Gouveia

Mapeando o Edital

MINISTÉRIO PÚBLICO FEDERAL

De olho no 30º Concurso

2ª edição
revista, atualizada e ampliada

2019

EDITORA JusPODIVM
www.editorajuspodivm.com.br

EDITORA *Jus*PODIVM
www.editorajuspodivm.com.br

Rua Território Rio Branco, 87 – Pituba – CEP: 41830-530 – Salvador – Bahia
Tel: (71) 3045.9051
• Contato: https://www.editorajuspodivm.com.br/sac

Diagramação: *Lupe Comunicação e Design (lupecomunicacao@gmail.com)*

Capa: Ana Caquetti

ISBN: 978-85-442-2998-9

APRESENTAÇÃO DA OBRA

O livro MAPEANDO O EDITAL traz uma análise minuciosa de cada uma das disciplinas exigidas no concurso de Procurador da República. Um detalhado guia de estudos.

Assim, ao enfrentar o edital do concurso do Ministério Público Federal, com um extenso e desafiador conteúdo programático, o candidato se depara com as seguintes dúvidas:

O que devo ler em cada disciplina?

Como é a banca examinadora de cada disciplina?

Qual a melhor forma de estudar?

Como melhor se preparar para o concurso?

Como os pontos são abordados no concurso?

Quais pontos do edital devo priorizar?

Quais as maiores dúvidas em cada matéria?

Para ajudar a responder as perguntas, foram escolhidos 8 Procuradores da República que fizeram análise, cada um sob sua ótica, de pontos fundamentais para os estudos, estratégia em cada uma das disciplinas, temas e formas de análise mais importantes. Os Procuradores trazem narrativas de suas experiências para obter a aprovação no concurso do Ministério Público Federal, que podem servir de baliza para iniciar ou otimizar seus estudos na busca de uma vaga na carreira de Procurador da República.

Com este time de Procuradores da República aprovados nos mais difíceis concursos do país, o livro faz uma análise de cada uma das disciplinas, com informações estratégicas de como melhor se preparar para o concurso de Procurador da República, com dicas especiais como:

a) bibliografia indicada, com os melhores e mais necessários livros, artigos e formas de estudo em relação a cada uma das disciplinas do concurso;
b) análise da banca examinadora, com uma análise minuciosa da banca examinadora da disciplina, trazendo o perfil dos componentes da comissão do concurso que serão os responsáveis pelas próximas provas objetivas, subjetivas e orais. Como eles pensam, qual o enfoque das provas anteriores, o que deve vir na próxima prova;
c) análise de quais as questões e tópicos que mais foram exigidos nas últimas provas objetivas, com um panorama dos temas mais cobrados e análise dos temas mais importantes para focar os estudos;
d) estudo das questões exigidas nas últimas provas subjetivas e quais temas são mais repetidos nos concursos;
e) informações para a preparação para as provas orais;
f) dicas com tópicos de cada matéria com mais chances de ser exigidos.

Com esta análise completa e minuciosa de todas as disciplinas, o futuro Procurador da República terá uma riqueza de informações que desvendará segredos na preparação para o concurso e ajudará no caminho da aprovação.

Mila Gouveia
Alan Mansur
Coordenadores da Coleção

SOBRE OS AUTORES

Alan Rogério Mansur Silva

Procurador da República. Procurador-Chefe da Procuradoria da República no Pará. Atua no Núcleo de Combate à Corrupção do MPF/PA. Atuou no MPF como Procurador Regional Eleitoral e como Procurador Regional dos Direitos do Cidadão. Foi Diretor da Associação Nacional dos Procuradores da República (2011-2019). Foi aprovado para os concursos de Analista Processual do Ministério Público da União, Advogado Público do Banco da Amazônia e Técnico do Tribunal de Justiça do Estado do Pará. Foi aprovado e também exerceu o cargo de Advogado da União. Autor do livro da Coleção Aprovados da Editora Juspodivm "Procurador da República (MPF) - 2019: Guia completo sobre como se preparar para a carreira".

André Estima de Souza Leite

Procurador da República. Especialista em Direito Aplicado ao Ministério Público, pela Escola Superior do Ministério Público da União (ESMPU). Foi titular do Ofício especializado em cooperação jurídica internacional na Procuradoria da República no Amapá, e atualmente está lotado na Procuradoria da República em Salgueiro/PE. Foi policial rodoviário federal e advogado da União. (twitter.com/andreestima)

Cynthia Arcoverde Ribeiro Pessoa

Master of Laws pela Syracuse University/New York (2018). Procuradora da República (2014). Graduada pela Universidade Federal de Pernambuco - UFPE, Faculdade de Direito do Recife - FDR (2009). Ex-Advogada da União (2009 a 2014).

Fabiana Keylla Schneider

Procuradora da República, atuando na Força-Tarefa da Lava Jato do Rio de Janeiro. Aprovada e nomeada para os cargos de Procurador do Município do Rio de Janeiro, Promotor de Justiça do Ministério Público de São Paulo, Procurador do Estado de Mato Grosso do Sul, Procurador do Município de Maringá. Graduada pela Universidade Estadual de Londrina. Pós-graduada pela Escola do Ministério Público do Estado do Paraná.

Hayssa Kyrie Medeiros Jardim

Procuradora da República aprovada em 11º lugar no 28º Concurso do MPF e lotada na PRM Guaíra-PR. Ex-Promotora de Justiça Substituta no Ministério Público do Estado do Rio Grande do Norte (2011 a 2016). Ex-Técnico-Administrativo do MPU (2005-2011). Aprovada nos seguintes concursos: Analista Judiciário do TRT-21ª Região (2003), Técnico Judiciário do TRT-21ª Região (2003), Analista Processual do MPU (2011), Advogado da União (2012). Graduada pela Universidade Federal da Paraíba-UFPB, com especialização em direito constitucional pela Universidade Estácio de Sá (RJ).

Higor Rezende Pessoa

Master of Laws pela Syracuse University/New York. Membro da Associação Brasileira de Direito Processual. Procurador da República (2014). Graduado pela Universidade Federal de Pernambuco UFPE - Faculdade de Direito do Recife - FDR (2009). Ex-Advogado da União (2009 a 2014). ex-Coordenador de Assuntos Judiciais da Consultoria Jurídica no Ministério da Saúde (2011 a 2013).

Hugo Elias Silva Charchar

Procurador da República aprovado no 28º Concurso do MPF. Foi Procurador Autárquico do Estado do Pará, Analista Processual do Ministério Público Federal, Advogado do Banco do Estado do Pará e Advogado da União. Graduado na Universidade Federal do Pará.

Igor da Silva Spíndola

Procurador da República aprovado no 28º Concurso do MPF, com 24 anos, sendo o mais jovem Procurador da República do Brasil. Aprovado em 1º lugar para Técnico Judiciário do Tribunal Regional Federal da 1ª Região, na Subseção Judiciária de Marabá/PA (2011). Aprovado em 1º lugar para Analista Processual do MPU, no Pará (2013). Graduado pela Universidade Federal do Pará - Campus Marabá.

Victor Riccely Lins Santos

Procurador da República lotado no Grupo de Trabalho da Lava Jato da PGR. Exerceu a função de Procurador Regional Eleitoral do Amazonas entre janeiro de 2015 a janeiro de 2018. Ex-Advogado da União. Aprovado no concurso para Procurador do Distrito Federal. Graduado pela Universidade Federal de Pernambuco.

SUMÁRIO

Capítulo 1

A CARREIRA

Alan Rogério Mansur Silva

O concurso do Ministério Público Federal é um planejamento de vida.

É certo que há diversos concursos públicos, mas acredito que estudar para o concurso de Procurador da República é algo que revela muito sobre o candidato. Afinal, o cargo demanda uma preparação e motivação intensa.

É sempre importante, pois, manter o chamado "foco" para o concurso. O concurso exige muito de quem anseia pelo cargo; porém, quando o candidato tem a motivação, se prepara corretamente e mantém o foco na meta que traçou, estudando direcionado para as matérias e pensando como um futuro Procurador da República, as chances para a aprovação crescem muito mais.

A motivação para os estudos não é algo banal, ou de mera autoajuda. Para qualquer desafio de vida, é necessária a motivação. Caso contrário, há grande risco de nos perdermos na jornada. E as motivações para os estudos podem ser várias: estabilidade, carreira, salário, fazer algo pela sociedade, ter um trabalho motivante etc.

Não existe mágica e fórmula pronta para a aprovação. Se houvesse, era fácil: bastaria seguir uma cartilha e *voilà*, o candidato seria aprovado. Como isso não existe, tudo depende de uma longa e dedicada preparação. Esforço, foco, dedicação e tempo de estudos. E motivação constante.

Já vi na internet anúncios de "cursos" e até "pílulas" que garantem ao candidato sucesso em qualquer concurso público. Não há a fórmula de sucesso total. O que existe são boas informações e várias indicações de como o candidato pode adaptá-las a sua situação específica e para seu objetivo.

Cada candidato tem sua motivação e necessidade pessoal. A busca pelo concurso é um plano de vida que envolve muitas vezes não só o candidato, mas família e amigos. Entretanto, cabe ao candidato buscar a sua motivação pessoal para trilhar o caminho árduo e muitas vezes solitário dos estudos.

Dentre as motivações, podemos enumerar a **estabilidade**. Ela é inerente aos cargos públicos e está prevista na Constituição Federal. A estabilidade indica ao candidato a perspectiva de que terá uma maior possibilidade de planejamento em sua vida após a aprovação. E no concurso de Procurador da República, a estabilidade vem após 2 anos de estágio probatório (diferente do servidor estatutário, quando o prazo é de 3 anos), sendo que a garantia vem prevista na Constituição Federal e na Lei Complementar nº 75/1993 como vitaliciedade (art. 128, § 5º, inciso I, alínea "a" da Constituição Federal, c/c art. 197, Lei Complementar nº 75/1993), assim, não podendo perder o cargo senão por sentença judicial transitada em julgado. Após a aprovação no estágio probatório, a sentença judicial transitada em julgado é a única forma de demissão de Procurador da República, sendo esta uma garantia constitucional inerente ao cargo.

A remuneração, sem dúvida, é uma motivação de muitos concursados. O salário de Procurador da República atualmente é pago através de subsídio (conforme art. 39, § 4º, da Constituição Federal), com valor atual (julho/2019) de R$ 33.600,00 , sendo este o salário bruto. Além deste, há ainda o recebimento de auxílio-alimentação, e também gratificação por cumulação de ofício em caso de substituição de férias ou de licença de outro colega Procurador (prevista na Lei nº 13.024/2014), sendo que os valores ficam limitados ao teto constitucional do salário de ministro do Supremo Tribunal Federal (atualmente de R$ 39.200,00).

Sobre o salário bruto, evidentemente, incidem os descontos regulares da contribuição previdenciária e de imposto de renda de pessoa física. É um salário tentador, realmente. Mas não só pelo salário o candidato deve buscar este concurso público.

Lembre-se que no MPF é vedado exercer a advocacia, participar de sociedade comercial, exercer outra função pública (salvo uma de magistério), receber honorários e exercer atividade político-partidária (vedações previstas no art. 128, § 5º, inciso II, Constituição Federal).

A depender do interesse do candidato, há outras carreiras jurídicas do serviço público que são diferentes, com horário de trabalho previstos de 8hs diárias, por exemplo, ou lotação em capitais do Estado ou em um Estado específico.

Além disso, há carreiras em que é possível cumular com a advocacia privada (como, em regra, ocorre nas advocacias públicas municipais e estaduais e em carreiras de consultorias jurídicas). E ainda há outras em que é possível cumular com atividade político-partidária, como ocorre com todas as carreiras jurídicas, com exceção do MP e magistratura.

Sendo assim, por mais que o salário seja tentador, o candidato não deve buscar o MPF exclusivamente por conta disso, já que terá vedações constitucionais e começará sua carreira em locais distantes dos grandes centros urbanos, normalmente fora de seu Estado, demorando alguns anos para conseguir retornar, variando o tempo a depender de qual seja sua cidade natal.

Tudo isso deve ser ponderado para que o candidato não tenha expectativa diferente da realidade. Esses detalhes nós vamos abordar no decorrer do livro.

Outra motivação decisiva é escolher uma carreira em que **você possa fazer algo pela sociedade, ter uma função motivante**. Esta também é uma motivação importante. Diria que está presente na grande maioria dos Procuradores da República aprovados. A estabilidade e salário são motivadores, mas tenho certeza de que o que mais impulsiona os estudos e a aprovação para o Ministério Público Federal é a função pública a ser exercida.

Essa percepção se reflete a cada grupo de novos colegas aprovados. A grande maioria já vibrava com a atuação do MPF há muito tempo, acompanhava as atuações, ações judiciais e diligências dos membros do MPF. Alguns já estagiaram ou trabalharam no MPF como servidores e já tinham em mente, como planejamento de vida, a aprovação no concurso. Essa motivação, portanto, é decisiva para dar ânimo ao concurseiro diante das maiores dificuldades.

O pensador e filósofo chinês Confúcio já disse: "Escolha um trabalho que você ame e não terás que trabalhar um único dia em sua vida."

Independente de quais as suas motivações, busque conhecer a carreira, acompanhar o que está ocorrendo da atuação do MPF no seu Estado e a nível nacional. Tudo isso trará boas informações de como será o seu cotidiano se for aprovado. Saiba que mais da metade do trabalho do MPF é na área criminal. Que o MPF atua forte na defesa dos indígenas e de comunidades tradicionais, que o MPF tem intenso trabalho na defesa do consumidor e do meio ambiente, e que a tendência mais recente é de aperfeiçoar a atuação dos Procuradores da República na área do combate à corrupção.

Vale ressaltar que normalmente o colega que entra na carreira atua em unidades do MPF no interior do Estado, chamadas de PRM (Procuradoria da República no município), diferente de uma PR (Procuradoria da República) de capital. Normalmente, nestas lotações iniciais, o Procurador atua com todas as matérias, não havendo divisão por temas, já que nas unidades de interior das lotações iniciais há poucos Procuradores. Neste sentido, o membro do MPF ao começar a carreira será "clínico geral", ou seja, trabalhará com todas as matérias relativas à atuação federal.

Busque também maiores informações sobre os grandes casos de atuação do MPF, para já ir conhecendo o que faz um Procurador da República.

Hoje no país temos diversos excelentes casos de destaque nacional e internacional, como a Operação Lava Jato, Operação Custo Brasil, Operação Zelotes, Operação Ararath, Operação Concutare, Operação Acrônimo, Operação Madeira Limpa, Operação Forte do Castelo, atuação na tutela ambiental e indígena em relação à Hidrelétrica de Belo Monte, tutela ambiental da atuação do MPF no caso "Carne Legal", atuação do MPF na defesa dos interesses indígenas, no caso de crimes imputados a Eike Batista, no caso da barragem de Mariana, caso Farol da Colina, a atuação do MPF na área internacional na repatriação de recursos derivados de corrupção e desvio no país, casos das Hidrelétricas de Rondônia.

Estes e outros casos refletem a atuação do Ministério Público Federal, de forma isolada ou em conjunto com outros órgãos de investigação, como Polícia Federal, Controladoria-Geral da União CGU, IBAMA, Receita Federal e Conselho de Controle de Atividades Financeiras (COAF).

Tudo isso traz um melhor conhecimento da carreira e o que realmente um Procurador da República faz. E sempre lembrando que toda esta atuação é realizada juntamente com sua equipe de trabalho de servidores do MPF e estagiários, sempre muito dedicados e competentes, que "vestem a camisa" da instituição e promovem um trabalho de alta qualidade. O MPF é construído, diariamente, em conjunto com todos.

Vale destacar que uma das grandes vantagens do Ministério Público Federal, no que se refere ao ambiente e a forma de trabalho, é a relação próxima e constante entre os colegas dos vários níveis de carreira. Apesar de termos os cargos diversos, de Procurador a Subprocurador-Geral da República, o contato entre os níveis da carreira é muito bom. Não há muita "cerimônia" em contatos entre os membros do MPF, o que permite que o trabalho flua de uma melhor forma.

Assim, é comum um Procurador da República de primeira instância levar informações, conversar, participar de grupos de trabalho e ações institucionais com membros de outros níveis da carreira. E isso faz com que a instituição consiga quebrar "barreiras" psicológicas e fazer com que os membros que a compõem possam atuar de forma mais eficaz, o que torna o ambiente de trabalho na carreira muito bom para quem chega.

Vale lembrar, também, que é importante "abrir a mente". Em outras palavras, pode-se dizer que não há um perfil único para candidato que almeja o Ministério Público Federal. Para ser um Procurador da República não precisa ser "aguerrido", "contestador", "idealista", "ter perfil de Ministério Público". Os Procuradores da República são diferentes entre si.

Hoje na carreira há mais de 1.000 membros do MPF em todo o país, dividido em todos os níveis da carreira (Procurador da República, Procurador Regional da República e Subprocurador-Geral da República). São exatamente 847 Procuradores, 226 Procuradores Regionais e 74 Subprocuradores-Gerais da República.

Logo, não há um formato de pensamento único ou forma típica de ser Procurador. Muitas vezes, o candidato idealiza um padrão de personalidade para determinada função e acredita que se enquadra ou não naquele padrão. Isso é um erro e pode trazer muitas frustrações para um candidato que idealiza determinada função e quando adentra na carreira verifica que há diferenças. E também o candidato pode idealizar muito uma carreira e perder ótimas oportunidades de concurso para outras carreiras tão atrativas e interessantes quanto a de Procurador da República. Esta diferença natural de pensamentos e abordagens entre os membros do MPF é boa para o aperfeiçoamento da instituição e do trabalho que presta à sociedade.

É importante a pessoa ter seus sonhos e objetivos, isso move a nossa vida e traz motivações para superar as dificuldades. Porém, é sempre bom olhar ao nosso redor e perceber que sempre há muitas possibilidades e maneiras de ser feliz, conseguir nossos objetivos profissionais e fazer algo que realmente nos realize.

E lembre-se: motivação é o que você precisa para começar os estudos, e com o tempo deve desenvolver além da motivação, o hábito. Só a prática cotidiana e reiterada levará você até a aprovação.

1.1. NÍVEIS DA CARREIRA DO MINISTÉRIO PÚBLICO FEDERAL

Um candidato que é aprovado em todas as fases do concurso do MPF e toma posse, assume o cargo de Procurador da República.

É interessante observar que não há divisão entre Procurador da República titular e substituto, como existem em outras carreiras (por exemplo: Promotor de Justiça, Juiz de Direito e até mesmo de Juiz Federal).

Pela nossa Lei Complementar nº 75/93, não há qualquer diferença neste primeiro grau da carreira. O Procurador da República já entra como "titular". Na prática, tem um subsídio equivalente ao Juiz Federal titular, 5% maior do que o subsídio do Juiz Federal substituto.

Para obter remoção na carreira de Procurador da República, o único critério é o da antiguidade. Em tese, o Procurador da República que acaba de entrar na carreira pode assumir qualquer cargo (desde que vago, claro) em qualquer interior ou capital de Estado onde exista unidade do Ministério Público Federal.

Na prática, as vagas oferecidas a quem entra na carreira são as vagas que sobraram após o concurso de remoção. Afinal, antiguidade é posto, e os Procuradores da República mais antigos obtém vagas mais disputadas, deixando vagos cargos localizados em municípios do interior do país e em algumas capitais do Norte.

Após entrar no cargo, o Procurador da República já passa a ter uma antiguidade na carreira. A antiguidade é publicada em lista pelo Conselho Superior do MPF, conforme art. 202, § 1º, da LC nº 75/93, como esta, publicada em 2018[1]. A lista permite que os critérios sejam publicizados e, caso haja algum questionamento, o membro pode fazer no prazo de 30 dias.

O Procurador da República, que atua na primeira instância do Poder Judiciário, se obtiver antiguidade suficiente, pode galgar a promoção. Esta ocorrerá de forma alternada, por merecimento e antiguidade, para o cargo de Procurador Regional da República. O Procurador Regional poderá atuar em alguns dos Tribunais Regionais Federais do país, tendo o Brasil atualmente 5 TRFs (DF, RJ, SP, PE e RS).

Assim, o Procurador, se quiser ser promovido a Procurador Regional, deve necessariamente se mudar para a cidade para a qual obtiver a promoção. Atualmente, tal promoção demora bastante, e não ocorre em menos de 15 a 20 anos de carreira.

Tudo isso pode mudar se os novos TRFs criados pela Emenda Constitucional nº 73/2013[2] forem criados de fato. A criação ainda está suspensa por conta do pedido cautelar em ADI nº 5017, ajuizada pela Associação Nacional dos Procuradores Federais – ANPAF (associação que representa os Procuradores Federais, advogados públicos vinculados à Advocacia-Geral da União). A cautelar foi deferida pelo então Presidente do STF Min. Joaquim Barbosa e até hoje não foi levada a julgamento pelo plenário.

Após o nível da carreira de Procurador Regional, o próximo nível é o de Subprocurador-Geral da República, que também é acessível por promoção mediante antiguidade e merecimento, podendo concorrer os Procuradores Regionais da República. O nível máximo na carreira. Atuam nos Tribunais Superiores: Supe-

1. http://bit.ly/lista-mpf

2. "São criados os seguintes Tribunais Regionais Federais: o da 6ª Região, com sede em Curitiba, Estado do Paraná, e jurisdição nos Estados do Paraná, Santa Catarina e Mato Grosso do Sul; o da 7ª Região, com sede em Belo Horizonte, Estado de Minas Gerais, e jurisdição no Estado de Minas Gerais; o da 8ª Região, com sede em Salvador, Estado da Bahia, e jurisdição nos Estados da Bahia e Sergipe; e o da 9ª Região, com sede em Manaus, Estado do Amazonas, e jurisdição nos Estados do Amazonas, Acre, Rondônia e Roraima".

rior Tribunal de Justiça e Tribunal Superior Eleitoral. Nos demais Tribunais Superiores (Tribunal Superior do Trabalho e Superior Tribunal Militar) atuam os Subprocuradores-Gerais das carreiras respectivas (MPT e MPM).

O cargo de Procurador-Geral da República não é propriamente um nível da carreira, já que não há formas de acessá-lo por antiguidade ou merecimento. A nomeação do PGR é nos moldes do art. 128, § 1º, da Constituição Federal: "O Ministério Público da União tem por chefe o Procurador-Geral da República, nomeado pelo Presidente da República dentre integrantes da carreira, maiores de trinta e cinco anos, após a aprovação de seu nome pela maioria absoluta dos membros do Senado Federal, para mandato de dois anos, permitida a recondução".

A escolha para o PGR é feita entre os integrantes da carreira do Ministério Público Federal. Não há uma lista tríplice oficializada, como ocorre para a escolha de Procurador-Geral de Justiça dos Estados e do Distrito Federal (art. 128, § 3º, Constituição Federal).

Portanto, em tese, o Presidente da República pode escolher quaisquer dos membros do MPF para o cargo de PGR. Todavia, a Associação Nacional dos Procuradores da República (ANPR) desde 2003, vem apresentando uma lista tríplice, formada pelos mais votados dentre os membros do Ministério Público Federal, e apresenta ao Presidente da República. Desde 2003, a Presidência da República vem sempre nomeando Subprocurador-Geral da República que consta na lista tríplice. Tal obediência à lista tríplice, em nomear sempre membro do MPF que figura na lista, traz maior legitimidade do PGR perante seus pares e a sociedade brasileira.

1.2. O QUE FAZ UM PROCURADOR DA REPÚBLICA?

O que de fato faz um Procurador da República, no seu dia a dia? Qual o trabalho do membro do Ministério Público?

Após a posse e exercício, você será o Procurador da República daquela unidade. Se você estiver em uma unidade onde só haja um Procurador, toda a atribuição será exclusivamente sua: processos criminais e cíveis, audiências judiciais, audiências públicas, reuniões, atendimentos etc. O que se chama de "clínica geral".

Destas atribuições, o Procurador pode delegar a servidores do MPF a realização de algumas audiências e atendimentos. A equipe de apoio também auxiliará na minuta de peças processuais e dos procedimentos de investigação e, evidentemente, fará todo o trabalho de apoio administrativo, que é fundamental para a unidade funcionar.

Se na unidade houver mais de um Procurador, pode haver a divisão dos processos por matérias, de modo equitativo, bem como divisão de audiências e de todo o trabalho extrajudicial. Em unidades de mais de um Procurador, a divisão do trabalho será feita com base em portaria do Procurador-Chefe no Estado, estabelecendo critérios.

Nas unidades do MPF, o trabalho de decisão administrativo quanto às licitações, contratações, exonerações, compras de equipamentos, consertos etc. ficam a critério do Procurador-Chefe no Estado. Um dos Procuradores lotados em PRM será designado como responsável pelo expediente de questões de designação e expedientes relativas àquela unidade.

Em relação à atividade-fim, o Procurador da República já chega na unidade com uma carga de processos judiciais. O trabalho do MPF é contínuo e impessoal.

O Procurador presenta (ou representa) o MPF, com a função de tomar providências quanto às novas demandas, mas também de dar continuidade aos casos judiciais anteriores, e continuar apurações em procedimentos criminais e inquéritos penais e civis.

Desta forma, o Procurador já entra com algumas centenas (ou milhares) de processos judiciais a ele vinculados e com algumas dezenas ou centenas de procedimentos apuratórios sob a sua responsabilidade.

Ele terá que se manifestar nos processos que a Justiça Federal encaminha para sua análise, com manifestações de diversas como de recursos de apelação, memoriais em ações penais, réplicas em ações civis de improbidade.

Também participará das audiências judiciais, na Justiça Federal, nas oitivas de testemunhas e de acusados em diversos processos judiciais.

Ademais, poderá realizar audiências públicas, convocando a sociedade para debater algum assunto importante. Este trabalho de mobilização social e conversa com todos os setores da sociedade é função primordial do membro do MPF.

Em unidades menores, o Procurador será ainda mais demandado, já que muitas vezes atuará em municípios onde não há uma estrutura estatal suficiente e onde não haverá outros órgãos federais. E muito da demanda que seria direcionada a outros órgãos, acabará sendo levada ao MPF, cabendo ao órgão entender como atuar em cada caso, verificando interesse federal e dialogando com a sociedade e os demais poderes locais.

Esta demanda extrajudicial legitima o MPF ainda mais com a sociedade, pois para atuar corretamente em uma sociedade é importante conhecer sua realidade. E este conhecimento da realidade é feito a cada dia, com reuniões e audiências públicas, mantendo um diálogo permanente com os cidadãos.

Cabe ao membro do MPF manter o diálogo com diversos setores. É claro que locais e momentos em que pode se colocar em risco pessoal sempre devem ser evitados.

Caso haja qualquer risco à integridade física do Procurador, a PGR tem um setor de Segurança Institucional (que também tem representantes em vários Estados), que pode ser acionado imediatamente em caso de qualquer ameaça ou risco. A instituição preza bastante pela segurança dos seus membros e sempre aciona as forças de segurança, como Polícia Federal ou Polícia Rodoviária Federal quando necessário. Não há Procurador que fique desguarnecido. Para realizar funções de enfrentamento à criminalidade, combate à corrupção em geral e defesa de interesses ambientais, por exemplo, os membros devem estar e se sentir seguros. Este é um corolário básico, garantido a quem trabalha no Ministério Público Federal.

A atuação do Procurador se reveste de um trabalho de segunda a sexta-feira, para ter função na Procuradoria. Não há um horário específico. Cada unidade utiliza um horário diferente, para adaptar a sua região. Normalmente, o funcionamento das unidades do MPF é das 9:00h às 18:00h. Nesse período, o Procurador trabalha em seu gabinete, atende a população, orienta a equipe, revisa as diversas minutas feitas pela assessoria, participa de audiências, coordena reuniões de trabalho com outros órgãos de investigação.

E, com tantas funções, muitas vezes só depois do expediente consegue preparar peças processuais mais densas, como denúncias, ações civis de improbidade ou ações civis públicas ambientais. Às vezes, utiliza também parte do final de semana. Mas tudo é uma questão de administração do tempo e estratégia de trabalho. Às vésperas de uma operação, ou depois dela, não raro aparece uma grande quantidade de trabalho e de reuniões com órgãos policiais ou de outras áreas de investigação, como Receita Federal, IBAMA ou Controladoria-Geral da União.

Alguns atos de investigações e ajuizamento de ações são sigilosos, como os casos de requerimento de quebra de sigilo bancário e fiscal, interceptação telefônica, pedidos de busca e apreensão ou prisões cautelares. E, também, outras investigações em que se deseja evitar o vazamento de dados para não prejudicar o efeito da atuação dos órgãos de controle e que os investigados possam esconder elementos que comprovem a prática de crimes.

Porém, como regra, a atuação do MPF se reveste de publicidade. Ou seja, com exceção dos casos em que há sigilo, que devem ser fundamentados, os procedimentos de apuração e a atuação em geral do MPF são públicos.

O MPF possui um Portal da Transparência que apresenta informações sobre a gestão administrativa da instituição, com dados sobre compras, contratos, licitações, despesas com pessoal, gastos com diárias e passagens, previsão orçamentária e aplicação dos recursos financeiros, servidores, entre outros, tudo em cumprimento à Resolução nº 86/2012 do Conselho Nacional do Ministério Público, o princípio da publicidade da Administração – previsto no art. 37 da Constituição Federal – e à Lei de Acesso à Informação (Lei Federal nº 12.527/2011).

Também apresenta dados sobre a atuação processual, com a disponibilidade de informações de sua atuação e das peças processuais produzidas.

"O melhor desinfetante é a luz do sol", já dizia o ex-Juiz da Suprema Corte dos Estados Unidos, Louis Brandeis (1856-1941). Esta transparência de atuação é exigida pelo MPF aos demais órgãos, sendo também responsável por publicizar sua atuação.

Desta forma, todas as informações necessárias estão disponíveis no Portal da Transparência[3].

3. http://www.transparencia.mpf.mp.br/

1.2.1. Trabalho em conjunto com outros órgãos

É comum e muito saudável a atuação do MPF em conjunto com outros órgãos. O MPF é o titular da ação penal e o destinatário natural das provas produzidas nas investigações. Entretanto, o MPF não tem estrutura nem *expertise* para produzir todos os tipos de provas, até mesmo porque já existem instituições estatais especializadas na produção de certos tipos de provas e investigações.

A Polícia Federal é o órgão com maior aproximação do MPF, por decorrência natural de suas atividades. Tal instituição, como os demais órgãos policiais federais, sofre controle externo do MPF, conforme art. 129, inciso VII, CF, e, como braço armado do Estado Brasileiro, é fundada na hierarquia e disciplina, integrante da estrutura básica do Ministério da Justiça (art. 2º-A, Lei nº 9.266/1996). De maneira que deve haver controle estatal sobre a sua atuação, sem que isso signifique interferência em sua função técnica de investigação e elucidação das provas, muito menos que qualquer controle estatal tenha por finalidade fazer direcionamento político de suas investigações.

Assim, o trabalho com a Polícia Federal é decisivo. A PF é polícia judiciária, cabendo a ela cumprir as decisões da Justiça Federal, como mandados de condução coercitiva, prisões, buscas e apreensões, interceptações telefônicas etc. Cabe à PF lavrar os flagrantes de crimes federais e instaurar os inquéritos policiais e os termos circunstanciados de ocorrência, quando for à autoridade policial submetidos crimes de menor potencial ofensivo (art. 69, Lei nº 9.099/95).

A Polícia Federal tem atribuição para fiscalização em todos os casos em que houver a competência federal prevista no art. 109 da Constituição Federal, bem como nas atribuições previstas na Lei nº 10.446/2002, quando houver repercussão interestadual ou internacional que exija repressão uniforme, como nos crimes de sequestro, cárcere privado e extorsão mediante sequestro, se o agente foi impelido por motivação política ou quando praticado em razão da função pública exercida pela vítima; formação de cartel; relativas à violação a direitos humanos, que a República Federativa do Brasil se comprometeu a reprimir em decorrência de tratados internacionais de que seja parte; furto, roubo ou receptação de cargas, inclusive bens e valores, transportadas em operação interestadual ou internacional; quando houver indícios da atuação de quadrilha ou bando em mais de um Estado da Federação, falsificação, corrupção, adulteração ou alteração de produto destinado a fins terapêuticos ou medicinais e venda, inclusive pela internet, depósito ou distribuição do produto falsificado, corrompido, adulterado ou alterado; furto, roubo ou dano contra instituições financeiras, incluindo agências bancárias ou caixas eletrônicos, quando houver indícios da atuação de associação criminosa em mais de um Estado da Federação.

Logo, o amplo leque de atribuições da Polícia Federal não significa que todos os casos de investigação da PF serão de competência da Justiça Federal, já que, como visto, há outras atribuições da PF.

Também à Polícia Federal cabe a proteção de dignitários, que são aqueles que exercem um cargo elevado ou gozam de um título proeminente.

O contato do membro do MPF com a Polícia Federal é cotidiano, tanto em decorrência do trabalho da Polícia Federal nas diligências dos inquéritos policiais quanto por meio de reuniões de trabalho, para melhor traçar estratégias para atuações conjuntas em casos mais importantes, para a realização de grandes operações etc.

Da mesma forma que exerce o controle externo sobre a atividade policial, cabe também ao MPF manter diálogo institucional próximo com a Polícia Federal. Afinal, as provas produzidas no inquérito policial podem subsidiar uma ação penal, importante que o membro do MPF indique as importâncias das diligências e das provas para serem obtidas na investigação, para que a investigação da PF obtenha ainda melhores resultados. A atuação conjunta e em parceria destes órgãos é importante para os melhores resultados.

Outro órgão policial que o MPF também controla externamente é a Polícia Rodoviária Federal – PRF. Tal instituição tem suas atribuições previstas na Lei nº 9.654/1998, sendo que dentre elas constam as seguintes atividades: fiscalização, patrulhamento e policiamento ostensivo, atendimento e socorro às vítimas de acidentes rodoviários e demais atribuições relacionadas com a área operacional do Departamento de Polícia Rodoviária Federal, com detalhamento no Decreto nº 1.655/1995.

Desse modo, cabe à PRF a lavratura dos termos circunstanciados de crimes de menor potencial ofensivo, quando ocorridos sob

questão fiscalizada pelos policiais rodoviários federais. Tal questão já foi decidida em 2014 pelo plenário do CNMP, no processo de número 1461/2013-22:

> "Plenário concluiu que não se pode deixar de levar em conta a imensa quantidade de infrações de menor potencial ofensivo detectadas pelas autoridades polícias. Segundo a decisão, recusar a contribuição conjunta de diversos órgãos estatais para a formulação de 'meros atos administrativos que atestam fatos que são potencialmente infrações de menor lesividade, findaria por enfraquecer a atual estatal na pacificação social - o que, certamente, não é o desejo de qualquer órgão ou servidor público brasileiro"'.[4]

Além destes órgãos policiais, também o MPF exerce controle externo sobre a Força Nacional de Segurança Pública[5] que é uma força federal. Já o cargo de policial ferroviário federal, apesar de constante na Constituição Federal (art. 144, inciso III), não tem qualquer cargo provido atualmente.

Além dos cargos policiais, o contato do Procurador da República com outros órgãos de fiscalização, como Receita Federal do Brasil, Controladoria Geral da União, Instituto Brasileiro do Meio Ambiente e dos Recursos Naturais Renováveis. - IBAMA, Conselho de Controle de Atividades Financeiras - COAF, Banco Central do Brasil é constante.

Todos esses com expertise e excelentes conhecimentos técnicos, cada um em sua área. Em grandes operações em que são constatadas lavagem de dinheiro, sonegação fiscal ou graves danos ao erário ou ao meio ambiente, certamente pelo menos um desses órgãos exerceu uma análise técnica que vai subsidiar bastante a atuação do Ministério Público Federal quando submeter a questão a juízo, através de uma ação civil ou penal.

1.2.2. Atuação cotidiana em várias áreas

Quem se prepara para concursos públicos sempre costuma analisar a atuação dos cargos que pretende trabalhar. Além das vagas, salários, lotação, atribuições, a atuação cotidiana é algo fun-

4. http://bit.ly/PRF-TCO
5. Lei nº 11.473/2007 e Decreto nº 5.289/2004

damental. Afinal, é a carreira que você quer abraçar, se dedicar por muitos anos, diariamente, fazendo viagens, analisando processos, audiências, com suas dificuldades e vantagens. É um espaço que o aprovado ficará por muitas horas do dia e terá por atribuição prestar o melhor serviço público, que é o dever do servidor público, na função que esteja, já que é devidamente remunerado pelos cofres públicos para exercer sua atividade profissional da melhor forma.

No MPF, muitos sempre se lembram das investigações criminais e de improbidade. Normalmente, se lembra de um Procurador da República por investigações e ações judiciais voltadas à área de combate à corrupção, que chama a atenção nacional por grandes processos em curso no STF e STJ, que são de atribuição do Procurador-Geral da República, e também em vários Estados, com destaque para casos da operação Lava Jato, mas que estão espalhados por todos os Estados da federação. Mas nem só nos casos de combate à corrupção atua o MPF.

A Procuradoria-Geral da República é dividida em 7 Câmaras de Coordenação e Revisão. E há ainda a Procuradoria Federal dos Direitos do Cidadão, a Secretaria de Cooperação Internacional e o Grupo Nacional Executivo da Função Eleitoral – GENAFE. Portanto, são pelo menos 10 áreas temáticas de forte atuação dos membros do MPF em todo o país:

1ª Câmara de Coordenação e Revisão: atua relativamente à educação, à saúde, à moradia, à mobilidade urbana, à previdência (inclusive as complementares pública e privada) e assistência social, aos conflitos fundiários, bem como na fiscalização dos atos administrativos em geral;

2ª Câmara de Coordenação e Revisão: atuação na matéria criminal;

3ª Câmara de Coordenação e Revisão: defesa do consumidor, da concorrência e da regulação da atividade econômica, acompanhando as respectivas políticas públicas;

4ª Câmara de Coordenação e Revisão: atua na defesa do meio ambiente e do patrimônio cultural;

5ª Câmara de Coordenação e Revisão: atua na área do combate à corrupção, abrangendo as ações de improbidade administrativa e ações penais de crimes contra a administração pública;

6ª Câmara de Coordenação e Revisão: trata especificamente dos temas relacionados aos grupos que têm em comum um modo de vida tradicional distinto da sociedade nacional majoritária, como, indígenas, quilombolas, comunidades extrativistas, comunidades ribeirinhas e ciganos;

7ª Câmara de Coordenação e Revisão: relacionada ao Controle Externo da Atividade Policial, tem como objetivo velar pela regularidade, adequação e eficiência dos procedimentos empregados na execução da atividade policial;

Procuradoria Federal dos Direitos do Cidadão: possui como atribuição o diálogo e a interação com órgãos de Estado, organismos nacionais e internacionais e representantes da sociedade civil – persuadindo os poderes públicos para a proteção e defesa dos direitos individuais indisponíveis, coletivos e difusos;

Secretaria de Cooperação Internacional: atua em assuntos de cooperação judiciária e jurídica internacional com autoridades estrangeiras e organismos internacionais, bem como no relacionamento com órgãos nacionais voltados às atividades próprias da cooperação internacional;

Grupo Nacional Executivo da Função Eleitoral – GENAFE: sua missão é coordenar o Plano de Ação da Função Eleitoral, dirigindo os trabalhos nacionais eleitorais, em auxílio ao Procurador-Geral Eleitoral.

Estas, pois, são as áreas temáticas de atuação no MPF, indicando a ampla atribuição que um membro do MPF possui. Não é só combate ao crime, mas toda esta ampla área temática.

No início da carreira, muitas vezes o Procurador é lotado em Procuradoria com ofício único ou no máximo outro colega, o que acaba indicando uma atribuição de "clínica geral" ao membro novato, que atua em todas as áreas. Todavia, se for atuar em uma unidade do MPF um pouco maior, já haverá divisão temática, podendo se especializar em uma destas áreas de atuação. Em unidades maiores, os ofícios já são distribuídos para avaliação das matérias vinculadas a cada uma das áreas, o que já aperfeiçoa ainda mais a atuação do MPF.

Capítulo 2

GRUPO I – DIREITO CONSTITUCIONAL E METODOLOGIA JURÍDICA

Igor da Silva Spíndola

1. BIBLIOGRAFIA:

Talvez a matéria mais prazerosa (nos atuais moldes do concurso) de ser estudada para a prova do Ministério Público Federal seja Direito Constitucional.

A partir da prova do 25º Concurso para o cargo de Procurador da República, o Direito Constitucional tem ganhado contornos muito peculiares e exigido um nível de conhecimento teórico e prático muito grande por parte do candidato.

Quando digo peculiares, enfatizo que a prova do MPF cobra temas dificilmente cobrados em profundidade por outros concursos federais, como temas afetos aos direitos das comunidades indígenas, quilombolas e outras comunidades tradicionais.

Há, ainda, uma grande preocupação com o substancialismo constitucional, de modo que os pontos relacionados à garantia dos direitos fundamentais através do ativismo judicial e seus consectários, como as teorias da hermenêutica, da argumentação e sua aplicação pelo Supremo Tribunal Federal tem ganhado bastante relevância na prova.

Sobre isso, inclusive, é importante que se realce a necessidade de que os julgados do STF sejam lidos não só em termos materiais, assimilando as conclusões adotadas pela corte, mas também em termos formais, dando-se importância ao procedimento de interpretação adotado para que tais conclusões fossem possíveis.

Por exemplo, nas famosas ações que serviram de supedâneo para o reconhecimento da constitucionalidade da união homoafetiva (ADI 4277 e ADPF 132), tem sido objeto de questionamento não só o reconhecimento da extensão desse direito à comunidade LGBTQ+, mas os mecanismos de interpretação adotados, como a possibilidade de utilização da técnica de "interpretação conforme" de texto legal que repete os termos exatos do texto constitucional, adentrando o terreno da hermenêutica e seus mecanismos (no caso em questão, principalmente, os preceitos da teoria normativo-estruturante de Friederich Müller, mas adotando-se preceitos insertos nas teorias levantadas por vários juristas e filósofos, como Peter Häberle, Ronald Dworkin e até mesmo a teoria dos jogos de linguagem de Wittgeinstein, geralmente utilizada para falar de liberdade de expressão, mas perfeitamente importada para teoria da hermenêutica constitucional).

Observa-se, portanto, a importância do estudo das teorias interpretativas mais famosas, desde os clássicos cânones interpretativos de Savigny, até a mais contemporânea teoria da hermenêutica, tomando-se o cuidado, sempre, de identificá-las nas decisões do STF.

Além do mais, o estudo pormenorizado dos direitos fundamentais em si, suas espécies, a sistemática de sua aplicabilidade (como as teorias interna e externa, eficácia horizontal, vertical, diagonal e transversal, princípio da ponderação de 1º e 2º grau, conteúdo essencial etc.) e da jurisprudência do STF sobre temas afetos à garantia desses direitos (principalmente quando a atuação do Supremo se dá na garantia do direito das minorias, exercendo seu papel de instância contramajoritária) é essencial para todas as fases do concurso e essencialmente para a etapa que considero mais problemática, que é a prova preambular.

Diante da necessidade de conhecimento de uma gama muito grande de conteúdo, destaco que é necessário não só entender muito bem como funcionam os institutos e instrumentos previstos no conteúdo programático do concurso, como ter decorado vários conceitos básicos das previsões de matéria ali previstas.

Por exemplo, ao estudar hermenêutica é necessário que o candidato entenda os mecanismos de interpretação previstos, pelo que fica difícil meramente conceituá-los.

No entanto, em temas como "Democracia deliberativa e agregativa", "Republicanismo clássico e contemporâneo", "Teoria interna e externa dos direitos fundamentais", por exemplo, denota-se que o candidato, além de entender sobre o assunto, pode ser chamado a buscar seus conceitos na prova preambular ou conceituá-los nas fases seguintes, de modo que a produção de um resumo básico sobre os conceitos de assuntos que são facilmente conceituados, como os acima, adianta bastante o estudo para o concurso, bastando uma revisão deles próxima a prova, em detrimento de uma extensa releitura de textos e manuais.

É necessário, ainda, um estudo aprofundado sobre direitos culturais, as teorias albergadas por eles e seus institutos.

Dentro desse tópico, há perspectivas que envolvem uma série de temas como a proteção cultural de bens materiais e imateriais, a questão dos direitos indígenas e das comunidades tradicionais, a política nacional de educação e a pluralidade de pensamento, Estado laico, multiculturalismo, interculturalidade, Estado Pluriétnico etc.

A examinadora de Direito Constitucional tem sido a mesma desde o 25º Concurso, a Subprocuradora Geral da República Déborah Duprat, de modo que há um razoável mapeamento do estilo de prova adotado, o que não torna a prova mais fácil de maneira alguma, apenas auxilia o direcionamento dos estudos, tendo em vista a perspicácia que detém a Excelentíssima Subprocuradora Geral, bem como a gama de conteúdos que ela já trabalhou, à frente da 6ª Câmara de Coordenação e Revisão, e ainda trabalha, atualmente à frente da Procuradoria Federal dos Direitos dos Cidadãos.

Observa-se, portanto, que há um enfoque enorme em metodologia jurídica, combinado com Direito Constitucional propriamente dito, o que pode assustar o candidato diante da gama de leitura necessária.

Todavia, diferente de outros concursos, como os da magistratura, há uma compensação que é a exclusão de temas que, apesar de constarem no edital, dificilmente serão cobrados em Direito Constitucional, como as partes referentes a direito financeiro, tributário, previdenciário e econômico, por exemplo.

Ultrapassada essas explanações, vamos à bibliografia.

Livros recomendados:

1 - Direito Constitucional - Teoria, História e Métodos de Trabalho - Daniel Sarmento, Editora Fórum. (Livro base dos estudos)

2 - Dignidade da pessoa humana - conteúdo, trajetórias e metodologia - Daniel Sarmento, Editora Fórum (Livro mais recente que inaugura uma série de teorias, doutrina e conceitos, logo, deve ser bastante explorado nos próximos concursos)

3 - Leis Especiais Para Concursos - Estatuto do Índio - Edilson Vitorelli, Editora Juspodivm.

4 - Leis Especiais Para Concursos - Estatuto da Igualdade Racial e Comunidades Quilombolas - Edilson Vitorelli, Editora Juspodivm.

5 - Curso de Direitos Humanos - André de Carvalho Ramos, Editora Saraiva (Ler sobre as espécies de direitos fundamentais e as questões referentes à aplicabilidade desses direitos, regras de interpretação, limitações etc.)

2. JURISPRUDÊNCIA:

- Acompanhamento da jurisprudência do Supremo Tribunal Federal, atentando-se para o conteúdo material das decisões e para os procedimentos de interpretação adotados.

- Aconselha-se a leitura da Constituição através da ferramenta "Constituição e o Supremo" que traz abaixo do texto lido, a jurisprudência mais importante do STF sobre o assunto.

- Aconselha-se a pesquisa das ações constitucionais que foram impetradas por Déborah Duprat à frente da Procuradoria Geral da República, tanto as que foram julgadas, como união homoafetiva, aborto de fetos anencéfalos e pesquisa com células-tronco, quanto as que permanecem sem julgamento, como a do ensino religioso em escolas públicas.

3. LEITURAS COMPLEMENTARES:

- enunciados da 6ª Câmara de Coordenação e Revisão

- material até agora elaborado pela Procuradoria Federal dos Direitos dos Cidadãos, a partir do ingresso de Déborah Duprat no cargo.

- artigos escritos pela examinadora
- Convenção 169 da OIT.

4. CURSOS INDICADOS:

Com todo o respeito ao trabalho realizado pelos colegas que atuam à frente de cursinhos, não tem sido uma constante o oferecimento de cursos, através de vídeo-aulas, suficientes para a prova do MPF.

Os mais famosos são o Alcance e o Ênfase.

O curso regular do Alcance tem sido mais bem sucedido na preparação para a prova preambular e o Ênfase tem sido o mais indicado no oferecimento de retas finais, abordando temas centrais para a prova.

Sobre cursos que oferecem materiais escritos, a indicação fica por conta dos cursos de rodadas de questões TOPJURIS e CEI - Círculo de Estudos pela Internet, ambos de boa qualidade.

5. ANÁLISE DAS PROVAS OBJETIVAS

Junto de Proteção Internacional dos Direitos Humanos e Direito Internacional Público e Privado, Direito Constitucional é uma das matérias que mais demanda leitura doutrinária, principalmente para as primeira e segunda fases do concurso.

Há o agravante do tamanho do conteúdo programático, o maior dentre as matérias cobradas pelo Ministério Público Federal, já que condensa Direito Constitucional com uma grande parte de Metodologia Jurídica.

Além disso, diante do direcionamento dado pela examinadora, é necessária a leitura e assimilação de conceitos importados não só das ciências jurídicas como da filosofia, sociologia além de, dentro do Direito, das disposições do Direito Comparado.

Apesar de tudo isso, garanto que todos os textos a serem lidos são extremamente prazerosos e permitem uma fuga da mesmice geralmente cobrada em Direito Constitucional nos concursos da área jurídica, fornecendo uma formação humanística, a meu ver, essencial para que você seja um excelente Procurador da República.

PONTO DO EDITAL	CPR que exigiu o ponto e o nº da questão	OBSERVAÇÕES
2.a. Constituição e cosmopolitismo. O papel do direito comparado e das normas e jurisprudência internacionais na interpretação Constitucional.	25º (03)	Ponto pouco trabalhado, principalmente, em razão de outras matérias mais adequadas para cobrança do assunto, como Direito Internacional e Proteção Internacional dos Direitos Humanos.
2.c. Hermenêutica e Teorias da argumentação jurídica.	25º (10) e 26º (05)	Tema de síntese, pois percorre uma série de outros pontos do conteúdo programático.
4.a. Direitos sociais: enunciação, garantias e efetividade. Princípio da proibição do retrocesso. Mínimo existencial e reserva do possível.	25º (07), 26º (03) e 28º (01)	Outro tema de síntese, já que alberga outros assuntos do edital, na forma de espécies desses direitos sociais. Foram incluídas, aqui, as questões que não cabiam nas espécies que constam no programa.
4.b. Normas constitucionais. Definição. Estrutura. Classificações. Princípios e regras. Preâmbulo. Efeitos das normas da Constituição brasileira de 1988.	26º (09) e 27º (02)	Na falta de um ponto do edital específico para "classificação das constituições" incluíram-se nesse as questões sobre o tema.
4.c. Lacunas e Integração do Direito: analogia, costumes e equidade.	27º (08)	Tema pouco explorado, por ser bastante afeto ao Direito Civil. No entanto, já foi cobrado na prova levando em consideração as normas de estatura constitucional.
5.a. Poder Constituinte originário. Titularidade e características.	28º (06), 29º (08)	Esse tema tem sido cobrado principalmente sobre o enfoque de direitos adquiridos e princípio da segurança jurídica.
5.b. Supremo Tribunal Federal: organização e competência. Jurisdição constitucional.	25º (03), 27º (05, 08, 09), 28º (02, 04)	Tema que alberga toda a jurisprudência do STF, o que demanda o seu estudo.
6.a. Poder constituinte derivado. Limitações à reforma constitucional. Cláusulas pétreas expressas e implícitas. As mutações constitucionais.	25º (09), 27º (02), 27º (03), 29º (06)	Foco para mutações constitucionais e cláusulas pétreas.

PONTO DO EDITAL	CPR que exigiu o ponto e o nº da questão	OBSERVAÇÕES
7.a. Prescrição e decadência. Enriquecimento ilícito e pagamento indevido.	26º (73, III); 27º (79); 28º (80, d)	Atenção para regras sobre impedimento, suspensão e interrupção de prescrição.
6.b. Federalismo. Concepções e características. Classificações. Sistema de repartição de competência. Direito Comparado.	26º (04, 10)	Foco no sistema de repartição de competências brasileiro.
6.c. Direitos fundamentais. Concepções. Características. Dimensões Objetiva e Subjetiva. Eficácia vertical e horizontal.	25º (07), 26º (01, 03), 27º 05), 28º (01, 04)	De longe o tema de maior predileção da examinadora. Além desse ponto genérico, existem outros pormenorizando o tema dos direitos fundamentais, como os que tratam das teorias internas e externas e das limitações a esses direitos.
8.a. Poder constituinte estadual: autonomia e limitações.	26º (10), 27º (02), 28º (06), 29º (10).	Matéria cobrada sempre a título de comparação com o poder constituinte de ordem federal.
9.a. Comunicação social. A imprensa na Constituição. Liberdades públicas, acesso à informação e pluralismo.	26º (06), 28º (03), 29º (10).	Tema que deve ser estudado com o referente à "liberdade de expressão".
9.b. Norma jurídica e enunciado normativo. Características da norma jurídica.	25º (10)	Tema indicado para ser estudo com hermenêutica.
9.c. Segurança Pública na Constituição. O papel das instituições policiais.	26º (06)	Tema ainda pouco explorado, mas que tende a ser cobrado em razão da atuação da PFDC contra repressão policial excessiva.
10.a. Interpretação constitucional. Métodos e princípios de hermenêutica constitucional.	26º (02), 27º (07 e 08)	Tema de nítida predileção da examinadora.

PONTO DO EDITAL	CPR que exigiu o ponto e o nº da questão	OBSERVAÇÕES
11.a. Liberalismo igualitário, comunitarismo, procedimentalismo e republicanismo. Suas projeções no domínio constitucional.	25 (01), 26º (09), 27º (09) e 28º (09)	Como pode ser observado, o tema foi cobrado em todas as provas desde o 25º CPR.
11.b. Princípios constitucionais sobre a Administração Pública.	27º (05)	Nesse ponto não tem sido cobradas muitas questões. O regime jurídico administrativo tem sido alvo de questionamento sob outros vieses, como o da limitação dos direitos fundamentais nas relações especiais de sujeição.
11.c. Colisão entre normas constitucionais. Ponderação e juízo de adequação. Princípios da proporcionalidade e da razoabilidade.	25º (03), 28º (02), 29º (06).	Mais um tema espécie do gênero "Direitos Fundamentais", pode ser estudo em conjunto.
12.a. Controle de constitucionalidade: evolução histórica do sistema brasileiro. Direito Comparado. Legitimidade democrática.	26º (04)	Esse tema deve ser estudado dentro do conjunto de assuntos sobre Controle de Constitucionalidade. Nesse ponto específico dar muita atenção à questão afeta à legitimidade democrática, através de instrumentos como o *amicus curiae* e audiências públicas.
12.b. Critérios clássicos de resolução de antinomias jurídicas. Princípios constitucionais do trabalho. Os direitos fundamentais do trabalhador.	25º (10), 27º (08) e 28º (02).	O foco do ponto são os assuntos sobre direitos trabalhistas na Constituição. Até agora, tais assuntos têm sido cobrados sob o viés da igualdade de gênero e trabalho de vulneráveis.
13.a. Direito Constitucional Intertemporal. Teoria da recepção. Disposições constitucionais transitórias.	25º (04), 27º (01, 02).	Os temas são de predileção da examinadora e de Daniel Sarmento, que tece algumas críticas importantes sobre a teoria da recepção constante dos entendimentos do STF.

PONTO DO EDITAL	CPR que exigiu o ponto e o nº da questão	OBSERVAÇÕES
13.c. Princípio da isonomia. Ações afirmativas. Igualdade e diferença. Teoria do impacto desproporcional. Direito à adaptação razoável.	25º (05, 08), 26º (01, 04), 26º (01, 04), 27º (10), 28º (07, 10)	Não é difícil concluir, pela quantidade de questões já cobradas, que o tema merece especial atenção, não só para primeira fase, mas para as subsequentes, já que o direito a igualdade e diferença e seus consectários, como a teoria do impacto desproporcional, tem sido constantemente cobrados na fase subjetiva, como questão e como fundamento de peça prática.
14.a. Democracia. Conceito. História. Fundamentos. Democracia representativa e participativa. Teorias deliberativa e agregativa da democracia. Instrumentos de democracia direta na Constituição Federal de 1988.	27º (09), 29º (02)	Temas bastante conceituais. Vale uma decorada nas teorias e conceitos.
14.b. Previdência e assistência social da Constituição.	27º (10)	Tema de pouco relevância para Direito Constitucional, de modo que veio e deve vir cobrado através da jurisprudência do supremo ligado a algum direito fundamental maior. Na prova do 27º veio cobrado atrelado à Política de Educação, exigindo conhecimento acerca da jurisprudência do STF acerca da aposentadoria especial de professor.
16.a. Direito fundamental à educação. A educação na Constituição Federal.	26º (04)	Ponto de muita relevância já que a examinadora está trabalhando sobre o tema à frente da PFDC, tendo expedido recomendação acerca do projeto de lei que trata da "Escola sem partido".

PONTO DO EDITAL	CPR que exigiu o ponto e o nº da questão	OBSERVAÇÕES
16.b. Os princípios da dignidade da pessoal humana e da solidariedade.	25º (05), 28º (04)	Tema bastante genérico e que alberga uma série de outros assuntos. Fui perguntado na prova oral sobre ele e a examinadora queria a conclusão de que o princípio da dignidade da pessoa humana está ligado a uma vertente doutrinária liberal e o da solidariedade a uma vertente social.
16.c. Controle concreto de constitucionalidade. O Recurso Extraordinário.	25º (02)	Subtema de "Controle de Constitucionalidade", logo deve ser estudado em sua completude. Atenção aos aspectos constitucionais do Recurso Extraordinário, já que os aspectos processuais são devidamente cobrados em Direito Processual Civil.
17.a. Proteção constitucional à família, à criança, ao adolescente e ao idoso.	26º (04), 29º (09)	Já foi cobrado o tema referente à criança, logo pode ser dada atenção à família, numa concepção ampla, já albergada por nosso ordenamento jurídico e ao idoso.
17.b. A metodologia jurídica no tempo. A Escola da Exegese. Jurisprudência dos Conceitos, Jurisprudência dos Interesses e Jurisprudência dos Valores. O Realismo Jurídico. Neoformalismo. O Pós-positivismo Jurídico.	26º(05), 27º (07) e 28º (08), 29º (05)	O ponto foi cobrado nas três últimas provas e refletem uma inclinação da examinadora em cobrá-los. Tratam especificamente sobre metodologia jurídica e, por ser, basicamente, o único ponto que condensa apenas assuntos de metodologia, deve ser objeto de atenção redobrada.
17.c. Direitos sexuais e direitos reprodutivos.	25º (08) e 28º (10)	O ponto tem ganhado bastante relevância para a examinadora, enquanto PFDC. Foi retirado, em relação ao programa do 28º CPR, a menção à igualdade de gênero, provavelmente por existirem outros pontos que já tratam do direito a igualdade de maneira genérica, de modo que o estudo sobre igualdade de gênero é, ainda, bastante necessário.

PONTO DO EDITAL	CPR que exigiu o ponto e o nº da questão	OBSERVAÇÕES
18.b. Direitos das pessoas portadoras de deficiência e seu protocolo facultativo.	25º (08) e 28º (10)	O tema deve ser estudado em consonância não só com o texto da Constituição Federal de 1988, mas também com a Convenção da ONU sobre o direito das Pessoas Com Deficiência, tendo em vista que foi internalizada com o status de emenda constitucional e, assim, compõe o bloco de constitucionalidade brasileiro. Destaque-se que o termo "portadora de deficiência" encontra-se obsoleto, devendo ser utilizado "com deficiência".
18.c. Controle abstrato de constitucionalidade: Ação Direta de Inconstitucionalidade. Ação Direta de Inconstitucionalidade por Omissão. Ação Declaratória de Constitucionalidade e Arguição de Descumprimento de Preceito Fundamental.	25º (02) e 28º (07), 29º (03)	Subtema de "Controle de Constitucionalidade". Nesse ponto, em específico, estudar as peculiaridades de cada ações, suas semelhanças e diferenças entre si.
19.a Liberdade de expressão, religiosa e de associação. O princípio da laicidade estatal. Os direitos civis na Constituição de 1988.	25º (04), 26º (01, 08), 27º (04, 06 e 10), 28º (2), 29º (01)	Outro tema de grande predileção da examinadora, mormente por estar relacionado ao exercício da democracia e dos direitos fundamentais, em razão do caráter de metadireito da liberdade de expressão. Focar, também, nas liberdades religiosas e laicidade estatal.
19.b. Direitos das comunidades remanescentes de quilombos e de comunidades tradicionais.	25º (06) e 28º (07), 29º (07).	Este ponto deve ser estudado em conjunto do ponto sobre direitos indígenas. A examinadora, por muito tempo, foi coordenadora da 6ª CCR, que trata sobre esses temas, logo é facilmente visualizável ser um tema de predileção.

PONTO DO EDITAL	CPR que exigiu o ponto e o nº da questão	OBSERVAÇÕES
20.b. Índios da Constituição. Competência. Ocupação tradicional. Procedimento para reconhecimento e demarcação dos territórios indígenas. Usufruto.	25º(06), 27º (06 e 09) e 28º (07)	Mesmas observações acima. Focar na questão territorial. Prestar muita atenção no julgado do STF no caso Raposa Serra do Sol e nas críticas da instituição a ele.
20.c. Limites dos direitos fundamentais. Teorias interna e externa. Núcleo essencial e proporcionalidade. Os "limites dos limites".	27º (05), 28º (01 e 04)	Subtema de "Direitos Fundamentais" e deve ser estudado em sua completude. Um bom livro, que resume muito bem as questões afetas aos estudos de direitos fundamentais é o Curso de Direitos Humanos, de André de Carvalho Ramos.
21.b. Interpretação jurídica. Métodos e critérios de interpretação.	25º (03) e 26º (05), 29º (05).	Tema que deve ser estudado junto de Hermenêutica Jurídica, Resolução de Antinomias, Conflito de normas e Controle de Constitucionalidade.
21.c. Ordem constitucional econômica. Princípios constitucionais da ordem econômica. Intervenção estatal direta e indireta na economia. Regime constitucional dos serviços públicos. Monopólios federais e seu regime constitucional.	27º (1)	Tema pouco relevante para a prova de Direito Constitucional, tendo em vista que há matéria específica para isso na prova (Direito Econômico). De todo modo, a única assertiva já cobrada desde a prova do 25º tratou da jurisprudência do STF.
22.b. Efeitos da declaração de inconstitucionalidade. Técnicas decisórias na jurisdição constitucional.	26º (6 e 8) e 27º (1 e 2)	Tema de predileção da examinadora, pois vê-se que já foi bastante cobrado. Em relação aos efeitos da declaração de inconstitucionalidade, tem-se cobrado, principalmente, acerca de sua modulação. Sobre técnicas decisórias prestar muita atenção no mecanismo da interpretação conforme.

PONTO DO EDITAL	CPR que exigiu o ponto e o nº da questão	OBSERVAÇÕES
22.c. Direito fundamental à moradia e à alimentação adequada.	26º (06)	Foi acrescentada ao ponto, em comparação com o edital do 28º CPR a "alimentação adequada", pelo que vale uma atenção redobrada.
23.a. Direitos fundamentais culturais. Multiculturalismo e interculturalidade. Direito à diferença e ao reconhecimento.	25º (06), 26º (06 e 07), 27º (06) e 28º (05), 29º (07).	Talvez o ponto de maior predileção da examinadora. Deve ser dissecado nos estudos. Prestar muita atenção nos significados sociológicos dos termos "multiculturalismo" e "interculturalidade" e não só jurídicos.
23.c. Direitos fundamentais processuais: acesso à justiça, devido processo legal, contraditório, ampla defesa, vedação do uso de provas ilícitas, juiz natural e duração razoável do processo.	26º (03) e 28º (02)	Outro subtema de "Direitos Fundamentais". Quanto a esse, especificamente, vê-se que a examinadora tem dado alguma atenção, pelo que o candidato também deve dar.
24.a. Neoconstitucionalismo. Constitucionalização do Direito e judicialização da política.	25º (01) e 26º (09)	Esse ponto serve de estudo para várias outras matérias e por isso merece um dispêndio razoável de tempo nele. O programa de Direito Civil foi todo reformulado em cima da Constitucionalização do Direito, pelo que o estudo desse tema serviria, também, para grande parte do conteúdo de Direito Civil.
24.b. Estatuto constitucional dos agentes políticos. Limites constitucionais da investigação parlamentar. Crimes de responsabilidade. Controle social, político e jurisdicional do exercício do poder. O princípio republicano.	27º (01)	Tema ainda pouco explorado mas que tende a ser cobrado nas provas futuras, tendo em vista as investidas da PGR em buscar alguns limites para imunidades dos agentes políticos.

PONTO DO EDITAL	CPR que exigiu o ponto e o nº da questão	OBSERVAÇÕES
25.a Pluralismo jurídico. As fontes normativas não estatais.	26º (10)	Ponto que alberga mais uma vertente do pluralismo, assunto de grade predileção da examinadora. Importante notar a relação do tema com os direitos indígenas, que albergam a possibilidade de exercício de ordenamento jurídico próprio. Apesar desse aspecto não ter sido cobrado, ainda, nas provas de Direito Constitucional, a prova de Direito Penal do 26º concurso o cobrou.

6. PROVAS SUBJETIVAS E ORAIS

Chegada à etapa subjetiva, a preocupação do candidato deve ser a verticalização do estudo, complementando a gama de conteúdos estudados anteriormente de maneira horizontal.

Tal verticalização exige a memorização de uma série de conceitos e, também, saber aplicar esses conceitos e teorias em situações práticas, já que desde o 26º Concurso para o cargo de Procurador da República do Ministério Público Federal, tem sido observada uma guinada pragmática na primeira parte da prova, que pode tanto ser uma dissertação quanto uma peça prático-profissional.

Logo, para essa primeira parte, que tende a ser prática, é importante que o candidato tenha em mente alguns temas de predileção da examinadora e busque aplicá-los para o caso concreto apresentado na prova.

Na minha prova subjetiva, por exemplo, antes de iniciar a análise da peça, eu anotei no rascunho vários temas e teorias que eu sei que poderiam ser aplicados a casos práticos e que eu havia identificado em peças, pareceres e artigos de Déborah Duprat, Daniel Sarmento e no material disponível no sítio da 6ª Câmara de Coordenação de Revisão do Ministério Público Federal (http://www.mpf.mp.br/atuacao-tematica/ccr6/documentos-e-publicacoes), e os saí procurando ao longo do problema para depois incluir na minha resposta.

Trago, aqui, alguns desses temas anotados:

- Proteção à confiança legítima.
- Proibição do retrocesso
- Impacto desproporcional
- Consulta livre, prévia e informada da Convenção 169 da OIT.
- Vulnerabilidade ambiental.
- Dupla afetação de áreas ocupadas por comunidades tradicionais.
- Laicidade estatal e neutralidade.
- Direitos sexuais e reprodutivos.
- Liberdade de expressão e suas dimensões.
- Liberdade de crença e não crença.
- Ponderação de direitos fundamentais
- Proporcionalidade e seus subcritérios: necessidade, adequação e proporcionalidade em sentido estrito.
- Relações especiais de sujeição.
- STF enquanto instância contramajoritária.
- Aplicação de tratados internacionais.
- Controle de convencionalidade.
- Mínimo existencial e cláusula da reserva do possível.
- Casamento homoafetivo.
- Pesquisa em células-tronco.
- Aborto de maneira em geral, mas principalmente de fetos anencéfalos (vale prestar atenção na problemática atual acerca de mulher infectadas pelo vírus Zika).
- Nome social do transexual.
- Uso de banheiro por transexuais.
- Direito à diferença como dimensão do direito a igualdade (formal e material)
- Direitos culturais e a prática de tortura em animais.
- Proselitismo religioso.
- Competência federal fundada na responsabilidade internacional do Estado Brasileiro.

- Demanda judicial por políticas públicas.
- Ativismo judicial e políticas públicas.
- Separação dos poderes.

Assim, não foi por acaso que eu consegui me sair muito bem na peça prático-profissional, acertando quase todos os fundamentos exigidos para o mérito e não errando nenhum fundamento acerca das atribuições do MPF e da competência da Justiça Federal para julgamento do caso apresentado.

Percebam que só foi possível a catalogação desses temas através da leitura extensa de material extra doutrina, como pareceres, iniciais de ações civis públicas, ações constitucionais que tiveram a participação da examinadora ou que tratavam de temas caros a ela, notas técnicas da 6ª CCR, artigos de Déborah Duprat, Daniel Sarmento, Gustavo Binenbojm, e todos aqueles que constavam no site da 6ª CCR e enunciados da 6ª CCR.

Todavia, para identificação desses temas foi necessário que eu conhecesse sobre eles, porque já os havia estudado, de modo que o conteúdo programático deve ser corrido pelo candidato, ainda que rapidamente, a partir da aprovação na fase objetiva, para suprir as falhas de conhecimento em assuntos identificados como de pouco conhecimento.

Com efeito, é necessária a leitura de todo esse vasto material apresentado, assim como do material até então produzido pela Procuradoria Federal dos Direitos do Cidadão, desde que Déborah Duprat se encontra à frente dela, dos quais destaco a Nota Técnica referente ao Projeto de Lei que trata das "Escolas sem partido" (http://s.conjur.com.br/dl/mpf-projeto-escola-partido.pdf) e a proposta de Arguição de Descumprimento de Preceito Fundamental acerca da inconstitucionalidade do crime de desacato (http://pfdc.pgr.mpf.mp.br/atuacao-e-conteudos-de-apoio/temas-de-atuacao/direitos-humanos/internacionais/atuacao-do-mpf/representacao-proposicao-a-dpf-crime-desacato).

Deve ser lida, também, parte do material produzido antes da entrada da examinadora na PFDC, devendo o candidato selecionar, dentre eles, os que tratam de temas de grande predileção de Déborah Duprat.

É importante frisar que dar nome às teorias e conceitos facilita muito a obtenção de nota máxima no quesito, visto que a utilização de palavras chaves auxilia o examinador a identificar a sua correção.

Por exemplo, ao invés de escrever que tal ação governamental "frustra as justas expectativas da população" melhor seria dizer que o ato em questão "configura lesão à proteção à confiança legítima, princípio de estatura constitucional".

Quanto às questões discursivas, que são duas para a matéria de Direito Constitucional, a estratégia se direciona a analisar todas as provas objetivas desde o 25° CPR, buscando a identificação de temas, conceitos e teorias para assimilação em forma de texto discursivo, pois os assuntos anteriormente cobrados tendem a se repetir de modo a exigir o exercício dialético do candidato sobre o assunto.

Vou dar exemplos muito claros.

Na prova subjetiva do 27° CPR, a questão n° 1 pediu que o candidato discorresse sobre a teoria do impacto desproporcional. O enunciado da primeira questão objetiva, letra D) do 26° CPR trouxe a seguinte redação: "viola o princípio da igualdade material qualquer prática empresarial, governamental ou semigovernamental, de natureza administrativa ou legislativa que, embora concebida de maneira neutra gere, em consequência de sua aplicação, efeitos desproporcionais sobre certas categorias de pessoas".

A prova do 25° CPR, por sua vez, trouxe na questão n° 8, enunciado IV): "A teoria do impacto desproporcional, adotada no Brasil, permite que se constatem violações ao princípio da igualdade quando os efeitos práticos de determinadas normas, de caráter aparentemente neutro, causem um dano excessivo, ainda que não intencional, aos integrantes de determinados grupos vulneráveis"

Tais assertivas trataram claramente da teoria do impacto desproporcional que, se tivesse tido a devida atenção do candidato, permitiria a obtenção de nota alta na questão discursiva respectiva do 27° CPR.

No 28° CPR a lógica também se repetiu.

A primeira questão de Direito Constitucional exigiu a formulação de um texto que relacionasse interpretação constitucional, capacidades institucionais do intérprete e consequencialismo, sendo que tais comandos foram cobrados tanto na questão nº 5, item III[1], quanto na questão nº 7, item IV[2], ambas do 27º CPR.

A segunda questão, por sua vez, pediu que o candidato discorresse sobre o direito de liberdade de expressão nas suas vertentes objetiva, subjetiva e instrumental.

Na fase objetiva, tais dimensões já haviam sido adiantadas ao candidato atencioso que se ativesse às disposições do enunciado IV[3], da questão nº 03.

Ademais, cumpre ressaltar que a explanação da jurisprudência do STF deve ser feita sempre que cabível, ainda que quando não perguntada expressamente na questão.

Nessa mesma questão acerca da liberdade de expressão, em que eu acertei as disposições sobre todas as vertentes, a examinadora me deu 9 pontos porque deixei de citar a jurisprudência do STF que, segundo ela, "é farta".

Por fim, para quem chegou à prova oral resta abandonar a terrível síndrome do impostor[4], porque ninguém chega a essa fase à toa. A gama de conteúdos angariada até então é suficiente para que, com o treino correto, o candidato consiga ultrapassar as derradeiras borboletas no estômago.

---

1. "A questão das capacidades institucionais do intérprete foi considerada pelo STF no julgamento envolvendo a constitucionalidade das pesquisas de células-tronco embrionárias, quando aquela Corte recusou decidir a respeito da superioridade de uma corrente científica sobre as demais".
2. "O pragmatismo tem como características fundamentais o antifundacionalismo, o contextualismo e o consequencialismo, e este último é um dos principais elementos incorporados pela metodologia constitucional contemporânea."
3. "As liberdade de expressão e informação possuem uma dimensão dúplice, apresentando-se, simultaneamente, como garantias liberais defensivas e como garantias democráticas positivas, razão por que a regulação da imprensa deve preencher as falhas naturais do mercado livre no ramo da comunicação".
4. "Algumas das pessoas mais capazes, inteligentes e que trabalham mais duro sofrem de um fenômeno debilitador: uma distorção que faz com que elas pensem que são incompetentes, burras e preguiçosas. Além disso, elas pensam que estão "enganando" as pessoas quando conseguem alcançar seus objetivos e, um dia, serão descobertos e expostos à vergonha." (http://revistagalileu.globo.com/Ciencia/noticia/2016/02/voce-sofre-da-sindrome-de-impostor-entenda-como-ela-funciona.html)

O treino diário é mais do que necessário e sobre todos os pontos do conteúdo programático, ainda que o candidato não tenha certeza e segurança do que está falando. Tais virão com os próprios erros cometidos no treino, além do estudo de TODOS os pontos, invariavelmente.

É importante saber falar pelo menos algumas palavras sobre o assunto perguntando, nem que seja tergiversando a pergunta do examinador.

Portanto, treinar dicção, postura e oratória também é muito importante, sem, obviamente, perder a naturalidade tão valorizada pelos membros da banca do concurso do MPF. Quando chegar sua vez, não tenha medo de pedir para repetir a pergunta, ou tomar alguns segundos para *brain storm*, não vai ser isso a te eliminar, pelo contrário.

Até lá, muito estudo, leitura de todos os pontos – podendo focar naqueles que menos sabe – e treino constante, a fim de acostumar seus reflexos físicos e mentais para o grande dia, já que os pontos são sorteados na hora e na frente do examinador.

Capítulo 3

GRUPO I – PROTEÇÃO INTERNACIONAL DOS DIREITOS HUMANOS

Cynthia Arcoverde Ribeiro Pessoa

1. BIBLIOGRAFIA INDICADA

No 25º Concurso para Procurador da República, a disciplina Proteção Internacional dos Direitos Humanos integrou o Grupo II, juntamente com Direito Internacional Público e Privado. Esse grupo foi considerado por muitos como o mais complicado para atingir a pontuação mínima.

A partir do 26º CPR a disciplina passou a integrar o Grupo I, do qual também fazem parte Direito Constitucional/Metodologia Jurídica e Direito Eleitoral.

O examinador da disciplina no 25º, 26º e 27º CPR foi o Subprocurador-Geral da República Eugênio Aragão. Contudo, na prova oral do 27º CPR, houve sua substituição pela Procuradora Regional da República Denise Neves Abade, que permaneceu como examinadora no 28º e 29º CPR.

Considerando que Proteção Internacional dos Direitos Humanos é uma disciplina que não é cobrada com tanta profundidade em outros concursos, percebe-se que muitos candidatos enfrentam dificuldades com a matéria e ficam perdidos na escolha do material de estudo.

Para realização de uma boa prova de Proteção Internacional dos Direitos Humanos deve-se, primeiramente, compreender de forma ampla a matéria, bem como o funcionamento de cada Instituto ou Sistema. Para tanto, como bibliografia base, que deverá ser seguida em todas as fases, indico o livro "Curso de Direitos Humanos, 3º Edição, 2016, Editora Saraiva", de André de Carvalho Ramos, completo e com informações essenciais e atualizadas.

Sugiro, ainda, para o candidato que deseja aprofundar os estudos, o livro "Processo Internacional de Direitos Humanos, 5º Edição, 2016, Editora Saraiva", também de André de Carvalho Ramos.

Para complementar, caso o candidato tenha interesse em alguns pontos específicos, recomendo o Manual Prático de Direitos Humanos Internacionais da Escola Superior do Ministério Público da União, disponível em http://escola.mpu.mp.br/linha-editorial/outras-publicacoes/Manual_Pratico_Direitos_Humanos_Internacioais.pdf.

Além disso, deve-se atentar para a leitura das Declarações, Pactos, Tratados e Convenções referentes aos Pontos do Edital.

Principalmente para a segunda fase e para a oral, deve-se conhecer a jurisprudência dos Tribunais e Cortes Internacionais de Direitos Humanos. No site do Ministério da Justiça encontra-se disponível a coleção *Jurisprudência da Corte Interamericana de Direitos Humanos*, com 7 (sete) volumes temáticos das principais decisões para *download*, em português. O interessante dessa coletânea é que já elenca os casos nos seguintes temas: Volume 1- Direito à vida, anistias e direito à verdade; Vol 2- Direitos dos povos indígenas; Vol 3 – Direitos Econômicos, Sociais e culturais e discriminação; Vol 4 – Direito à integridade pessoal; Vol 5 – Direito à liberdade pessoal; Vol 6 – Liberdade de Expressão; Vol 7 – Migração, Refúgio e apátridas. Disponível em: http://www.justica.gov.br/noticias/mj-lanca-colecao-jurisprudencia-da-corte-interamericana-de-direitos-humanos.

Entendo que, com essa bibliografia, não há necessidade de realização de curso preparatório. É melhor uma revisão para fixação e apreensão do conteúdo já analisado. Contudo, os cursos Alcance e Ênfase apresentam, em regra, boa apresentação da matéria.

Considero de extrema importância, principalmente para a segunda fase e para a oral, a leitura dos artigos e livros elaborados pelos examinadores, como abordarei adiante.

2. ANÁLISE DAS PROVAS OBJETIVAS

Para a fase objetiva, além da leitura da bibliografia indicada, é essencial que o candidato dedique-se a resolver as questões anteriores, a fim de verificar os pontos que possui mais dificuldades, bem como o estilo da prova e do examinador.

Da análise das provas do 28º e 29º CPR, elaboradas pela examinadora Denise Abade, percebe-se que a perspectiva foi bem ampla, mas destacou-se o Sistema Interamericano de proteção aos Direitos Humanos, além das diversas Convenções da Organização das Nações Unidas.

O Sistema Interamericano de Direitos Humanos foi amplamente cobrado nas provas objetivas. Vejamos alguns exemplos:

26º Concurso

18. AS MEDIDAS PROVISÓRIAS, NO ÂMBITO DA CORTE INTERAMERICANA DE DIREITOS

HUMANOS,

a) ( ) só podem ser concedidas quando o caso esteja tramitando na Corte;

b) ( ) podem ser concedidas pelo Presidente da Corte ad referendum da mesma;

c) ( ) podem ser concedidas pela Comissão Interamericana de Direitos Humanos em antecipação da jurisdição da Corte;

d) ( ) podem ser concedidas pela Corte antes mesmo de o caso nela ter trâmite, se a Comissão Interamericana de Direitos Humanos assim lhe solicitar.

27º Concurso

13. SEGUNDO A CARTA DEMOCRÁTICA INTERAMERICANA DE 2001,

a) ( ) a Assembleia Geral da OEA suspenderá, por voto de maioria simples dos partícipes, Estado membro do exercício de seu direito de participação na Organização quando constatar que nele tenha ocorrido ruptura da ordem democrática;

b) ( ) a ruptura da ordem democrática ou uma ordem constitucional que afete gravemente a ordem

democrática num Estado membro constitui, enquanto persista, obstáculo insuperável à participação de seu governo em órgãos estabelecidos da OEA;

c) ( ) os Estados membros são responsáveis pela organização, realização e garantia de processos eleitorais livres e justos, independentemente de partidos políticos existirem ou não;

d) ( ) o financiamento de campanhas eleitorais deve ser feito preferencialmente com recursos públicos, a fim de realizar indistintamente o direito ao acesso ao poder como elemento essencial da democracia representativa.

28º CPR

11. ASSINALE A ALTERNATIVA INCORRETA

a) ( ) A avaliação das petições individuais, na Comissão Interamericana de Direitos Humanos, é

feita pela ordem de entrada, admitindo-se a antecipação da avaliação, entre outras hipóteses, por

decisão do membro relator na Comissão.

b) ( ) A Comissão Interamericana de Direitos Humanos pode determinar o arquivamento de petição individual nos casos onde ficar provada a inatividade processual injustificada dos peticionários.

c) ( ) O Estado requerido pode pedir a Comissão Interamericana de Direitos Humanos a suspensão do prazo de três meses para que a Comissão encaminhe um caso individual a Corte Interamericana de Direitos Humanos.

d) ( ) A defesa de não esgotamento dos recursos internos perante a Comissão Interamericana de Direitos Humanos pode ser reapresentada pelo Estado no momento em que o caso individual for apreciado pela Corte Interamericana de Direitos Humanos.

29º CPR

11. DENTRE OS ENUNCIADOS ABAIXO, SOMENTE ESTÃO CORRETOS:

I - A Declaração Americana sobre os Direitos dos Povos Indígenas prevê que o Estado deve obter o consentimento livre, prévio e informado dos povos indígenas antes da adoção de medidas administrativas ou legislativas que os afetem.

II - A Convenção n. 169 da Organização Internacional do Trabalho determina aos Estados que respeitem a repressão aos delitos pelos métodos dos povos indígenas, mesmo que tais métodos sejam incompatíveis com os direitos humanos inseridos nas normas internacionais.

III - A Convenção da Organização das Nações Unidas para a Educação, a Ciência e a Cultura (UNESCO) sobre a Proteção e Promoção da Diversidade das Expressões Culturais prevê a livre circulação dos produtos culturais entre os diversos Estados, sendo vedada a adoção de práticas protecionistas que impeçam o acesso de produtos culturais estrangeiros ao território estatal.

IV - **A Corte Interamericana de Direitos Humanos**, no Caso Comunidade Indígena Sawhoyamaxa v. Paraguai, decidiu que, enquanto o vínculo espiritual e material da identidade dos povos indígenas continuar existente em relação às suas terras tradicionais, subsiste o direito desses povos à recuperação de suas terras.

a) ( ) I e II

b) ( ) I e IV

c) ( ) II, III e IV

d) ( ) I, III e IV

12. DENTRE OS ENUNCIADOS ABAIXO, SOMENTE ESTÃO CORRETOS:

I - De acordo com a Corte Interamericana de Direitos Humanos, as pessoas jurídicas podem ser consideradas potenciais vítimas nos processos internacionais contenciosos perante a própria Corte.

II - O Protocolo de Istambul consiste em tratado suplementar à Convenção da ONU contra a Tortura, que estabelece o modo adequado de investigação e documentação da tortura e outras penas ou tratamentos cruéis, desumanos ou degradantes.

III - O Protocolo de Prevenção, Supressão e Punição do Tráfico de Pessoas, especialmente Mulheres e Crianças, considera irrelevante o consentimento da vítima em casos de exploração para que seja caracterizado o tráfico de pessoas.

IV - A discriminação sistêmica consiste em um conjunto de normas, práticas e comportamentos discriminatórios adotados por entes públicos ou privados que impõe, às vítimas, situação de desvantagem e prejuízo.

a) ( ) III e IV

b) ( ) I e IV

c) ( ) I e II

d) ( ) I, II e III

13. DENTRE OS ENUNCIADOS ABAIXO, SOMENTE ESTÃO CORRETOS:

I - **De acordo com a Corte Interamericana de Direitos Humanos**, os Estados partes da Convenção Americana de Direitos Humanos, em nome do princípio da boa-fé, devem cumprir as recomendações inseridas no segundo informe da Comissão Interamericana de Direitos Humanas no bojo da análise das petições individuais.

II - Apesar de não ser vinculante, a Carta Social das Américas prevê a implementação imediata dos direitos econômicos, sociais e culturais, superando a chamada progressividade dos direitos sociais em sentido amplo prevista no Protocolo de San Salvador.

III - As sanções desproporcionais ou excessivas ao exercício da liberdade de expressão podem caracterizar censura proibida pela **Convenção Americana de Direitos Humanos**, conforme decidiu a Corte Interamericana de Direitos Humanos no Caso Tristán Donoso v. Panamá.

IV - As Regras Mínimas das Nações Unidas para o tratamento de presos (Regras Nelson Mandela) estabelecem vedações a determinadas sanções e castigos aos presos, entre eles o confinamento solitário prolongado por mais de 15 dias consecutivos. **a)** ( ) todos estão corretos

b) ( ) I e II

c) ( ) III e IV

d) ( ) I, III e IV

Apesar de as questões exigirem do candidato conhecimento vasto sobre a matéria, encontram-se contempladas na bibliografia indicada.

Além disso, temas relacionados à Organização das Nações Unidas, como visto acima, também são importantes:

25º CPR:

58. O ART. 1.º, PARA. 3.º, DA CARTA DA ONU, AO ESTABELECER, COMO FIM DA ORGANIZAÇÃO, A PROMOÇÃO E O

ESTÍMULO DO "RESPEITO AOS DIREITOS HUMANOS E ÀS LIBERDADES FUNDAMENTAIS PARA TODOS, SEM DISTINÇÃO DE RAÇA, SEXO, LÍNGUA OU RELIGIÃO",

a) ( ) incorre em potencial colisão com o disposto no art. 2.º, para. 7.º, da Carta da ONU, que desautoriza a intervenção da organização "em assuntos que dependam essencialmente da jurisdição de qualquer Estado";

b) ( ) não incorre em colisão com o disposto no art. 2.º, para. 7.º, da Carta da ONU, porque a agenda de direitos humanos não depende essencialmente da jurisdição de qualquer Estado;

c) ( ) incorre em evidente colisão com o disposto no art. 2.º, para. 7.º, da Carta da ONU, mas esta fica afastada nas hipóteses de interseção da agenda de direitos humanos com a da segurança internacional;

d) ( ) não incorre em potencial colisão com o disposto no art. 2.º, para. 7.º, da Carta da ONU, porque, ainda que agenda de direitos humanos dependa essencialmente da jurisdição de qualquer Estado, o art. 1.º, para. 3.º, não estabelece como fim, nenhuma ação interventiva, mas, sim, o diálogo político.

26º CPR

12. OS PROCEDIMENTOS ESPECIAIS PREVISTOS NAS RESOLUÇÕES E/RES/1235 (1967) E

E/RES/1503 (1970) DO CONSELHO ECONOMICO E SOCIAL DA ONU

a) ( ) passaram a permitir à então Comissão de Direitos Humanos investigar, por via de Subcomissão,graves violações de direitos humanos, quando constatado que estas se inseriam num padrão consistente de atuação do Estado violador;

b) ( ) se limitam a abrir o caminho para a atuação do Conselho de Segurança da ONU e, por isso, não atentam contra o art. 2.º. parágrafo 7.º da Carta da ONU:

c) ( ) transformaram as Nações Unidas em verdadeira corte internacional de direitos humanos, sendo, por isso, tidos por muitos Estados como conflitantes com o disposto no art. 2.º, parágrafo 7.º da Carta da ONU;

d) ( ) concorrem, em termos de propósitos e eficiência, com os sistemas convencionais regionais e universais de proteção dos direitos humanos.

27º CPR

11. NO TOCANTE À APLICABILIDADE, À PROTEÇÃO INTERNACIONAL DE DIREITOS HUMANOS, DOS *DRAFT ARTICLES ON RESPONSIBILITY OF STATES FOR INTERNATIONALLY WRONGFUL ACTS* (ESBOÇO DE ARTIGOS SOBRE A RESPONSABILIDADE DE ESTADOS POR ATOS ILÍCITOS INTERNACIONAIS) DE 2001, DA COMISSÃO DE DIREITO INTERNACIONAL DA ONU, É CORRETO DIZER QUE:

a) ( ) O documento é completamente inaplicável, pois trata de responsabilidade decorrente de ilícitos praticados na relação entre Estados e não na relação entre um Estado e seus jurisdicionados;

b) ( ) o documento é parcialmente aplicável, pois pelo menos parte das obrigações decorrentes do direito internacional dos direitos humanos são *erga partes* ou *erga omnes* e, por isso, são oponíveis

por Estados *vis à vis* a outros;

c) ( ) o documento é aplicável em todos os seus termos, pois não existem obrigações de Estados *vis à vis* seus jurisdicionados no direito internacional;

d) ( ) o documento é completamente inaplicável, pois o regime de proteção internacional dos direitos humanos não tem qualquer relação com a responsabilidade internacional dos Estados.

28º CPR

14. ASSINALE A ALTERNATIVA CORRETA:

a) ( ) O Conselho de Direitos Humanos da ONU e órgão subsidiário da Assembleia Geral da ONU, composto por 47 Estados, responsável pela gestão do mecanismo de revisão periódica universal, podendo seus membros serem suspensos pela Assembleia Geral da ONU em votação secreta e por maioria absoluta.

b) ( ) A Comissão de Direitos Humanos e órgão do Pacto Internacional de Direitos Civis e Políticos, que tem como missão, entre outras, avaliar os relatórios periódicos encaminhados pelos Estados partes sobre a situação dos direitos protegidos.

c) ( ) As relatorias especiais temáticas do Conselho de Direitos Humanos atuam com independência e liberdade, mas devem contar com a anuência do Estado para realizar visitas ao território nacional, podendo o Estado anuir de modo geral e prévio a tais visitas.

d) ( ) O Comitê de Direitos Humanos e órgão subsidiário da Assembleia Geral da ONU, composto por 47 membros, sendo o principal gestor do mecanismo de revisão periódica universal e dos procedimentos especiais.

29º CPR

19. DENTRE OS ENUNCIADOS ABAIXO, SOMENTE ESTÃO CORRETOS:

I - O "Tratado de Marraqueche para Facilitar o Acesso a Obras Publicadas às Pessoas Cegas, com Deficiência Visual ou com outras Dificuldades para Ter Acesso ao Texto Impresso" adotou o "teste dos três passos", pelo qual é admissível a limitação do direito do autor de determinada obra, mesmo sem o consentimento do titular dos direitos autorais.

II - A proteção da pessoa com transtorno do espectro autista abrange o direito à educação na escola regular, bem como estabelece a proibição do uso de denominações pejorativas ou discriminatórias.

III - **A Convenção da ONU** sobre os direitos das pessoas com deficiência não prevê, de modo expresso, o respeito à autonomia e independência das pessoas com deficiência

IV - **De acordo com a Convenção da ONU** sobre os direitos das pessoas com deficiência, o ambiente econômico e social não afeta a inclusão e o exercício de direitos por parte das pessoas com deficiência.

a) ( ) III e IV

b) ( ) I e II

c) ( ) I, III e IV

d) ( ) todos estão corretos

Outro tema bastante cobrado em Provas de Concurso para Procurador da República é o tratamento dado pelo Direito Internacional à Tortura. Vejamos alguns exemplos de questões de concursos anteriores:

26º CPR

15. ESPANCADA REGULARMENTE POR SEU MARIDO DURANTE DEZ ANOS, A PONTO DE SER INTERNADA COM GRAVES FERIMENTOS EM HOSPITAL, A SENHORA RODI ALVARADO PEÑA, GUATEMALTECA, FUGIU DE SEU PAIS PARA OS ESTADOS UNIDOS DA AMÉRICA, ONDE PEDIU ASILO. ESTE LHE FOI CONCEDIDO EM PRIMEIRO GRAU E REVERTIDO DEPOIS. SOMENTE APÓS QUATORZE ANOS DE

LITIGÂNCIA CONSEGUIU VER RECONHECIDO SEU DIREITO DE PERMANECER NOS ESTADOS UNIDOS DA AMÉRICA PARA SE PROTEGER DE SEU MARIDO. ESTE NOTÓRIO CASO É UM EXEMPLO DE:

a) ( ) aplicação, embora tardia, da Convenção de Belém do Pará;

b)( ) da limitação da Convenção da ONU contra a Tortura, principalmente no que diz respeito à garantia do nonréfoulement (art. 3.º);

c) ( ) não-aplicabilidade da Convenção das Nações Unidas Relativa ao Estatuto dos Refugiados de 1951;

d) ( ) garantia, pela Guatemala, de eficácia horizontal do direito à vida e do direito à integridade física.

20. A EXPRESSÃO. "TORTURA[...] PRATICADA DE FORMA SISTEMATICA" NO ARTIGO 20 DA CONVENÇÃO DA ONU CONTRA A TORTURA DE 1984

a) ( ) remete para a definição de tortura como crime contra a humanidade ("ataque sistemático ou extenso contra qualquer população civil");

b) ( ) remete para a tortura como parte de um padrão consistente de grave violação de direitos humanos, nos termos das Resoluções ECOSOC 1235 e 1503;

c) ( ) remete para a prática de tortura de forma não fortuita, mas habitual,extensa e deliberada,ao menos em parte do território do estado em questão;

d) ( ) remete para a existência de uma clara politica governamental que dâ sustentação à prática de tortura, de forma extensa.

27º CPR

16. O CONCEITO DE TORTURA NO DIREITO INTERNACIONAL DOS DIREITOS HUMANOS

a) ( ) se aplica exclusivamente à tortura perpetrada por agente público ou por sua instigação, sua tolerância ou sua aquiescência;

b) ( ) se aplica à tortura perpetrada direta ou indiretamente por agente público no marco das Convenções de 1984 e de 1985, da ONU e do sistema interamericano respectivamente; e se aplica, também, à tortura perpetrada por atores não estatais no marco da Declaração Universal dos Direitos Humanos, do Pacto Internacional de Direitos Civis e Políticos e da Convenção Americana de Direitos Humanos;

c) ( ) se aplica à tortura perpetrada por agentes públicos e por atores não estatais tanto no marco das Convenções de 1984 e de 1985, da

ONU e do sistema interamericano respectivamente, quanto no marco da Declaração Universal dos Direitos Humanos, do Pacto Internacional de Direitos Civis e Políticos e da Convenção Americana de Direitos Humanos;

d) ( ) se aplica exclusivamente à tortura perpetrada por agente público no marco do art. 7.º do Estatuto de Roma e, também, à tortura perpetrada por não combatente civil no marco do art. 8.º do Estatuto de Roma.

29º CPR

20. DENTRE OS ENUNCIADOS ABAIXO, SOMENTE ESTÃO CORRETOS:

I - Os princípios orientadores sobre empresas e direitos humanos da ONU são supervisionados por grupo de trabalho do Conselho de Direitos Humanos, que analisa petições de vítimas, podendo determinar reparações aos Estados ou diretamente às empresas envolvidas.

II - De acordo com a Convenção Interamericana contra Toda Forma de Discriminação e Intolerância, o Estado tem o dever de prevenir e reprimir a discriminação e intolerância referente, entre outras, à origem social e à condição de saúde física ou mental, veiculadas inclusive na internet e nos meios de comunicação.

III - Para a Convenção Interamericana sobre a Proteção dos Direitos Humanos das Pessoas Idosas, a restrição à participação e protagonismo da pessoa idosa nas decisões que lhe afetem só pode ser imposta por lei, tendo a pessoa idosa a idade mínima de 75 anos.

IV - **A Convenção Interamericana para Prevenir e Punir a Tortura** não exige, para a caracterização da tortura, que esta seja feita por agente público ou com sua aquiescência.

a) ( ) todos estão corretos

b) ( ) I e III

c) ( ) II e IV

d) ( ) II, III e IV

Com o intuito de colaborar na decisão do aprofundamento de certos pontos e, principalmente, pensando na revisão para a prova objetiva, faço a seguir uma análise acerca da importância de cada ponto do edital e indico em qual concurso de Procurador da República (a partir do 25º até o 29º CPR) a matéria foi cobrada:

MUITO IMPORTANTE	1. b. A proteção internacional no âmbito global e regional dos povos indígenas e comunidades tradicionais: órgãos, tratados e declarações. A proteção internacional da diversidade das expressões culturais. Os precedentes de tribunais e órgãos internacionais sobre os direitos dos povos indígenas. (25º CPR; 26º CPR; 27º CPR; 29º CPR) 1. c. Os tratados de direitos humanos ratificados pelo Brasil. A formação, incorporação e hierarquia normativa. Duplo controle da proteção de direitos no Brasil. Os controles de convencionalidade e de constitucionalidade na proteção de direitos humanos. (25º CPR; 27º CPR; 28º CPR; 29º CPR) 2.b. A proteção internacional da integridade pessoal. Tortura como crime internacional. Tratados internacionais contra a tortura, tratamento cruel ou desumano celebrados pelo Brasil. O Protocolo de Istambul. A jurisprudência internacional sobre a tortura, tratamento cruel ou desumano.(26º CPR; 27º CPR; 29º CPR) 4.a. Os direitos previstos em tratados internacionais de direitos humanos adotados no âmbito da Organização das Nações Unidas. Os direitos previstos nos tratados de direitos humanos celebrados no âmbito da Organização dos Estados Americanos. (25º CPR; 28º CPR; 29º CPR) 4.b. A Corte Interamericana de Direitos Humanos e sua jurisdição contenciosa e consultiva. Procedimentos. O conteúdo da jurisprudência da Corte Interamericana de Direitos Humanos. (26º CPR; 28º CPR; 29º CPR). 10.a A Comissão Interamericana de Direitos Humanos e sua atuação no âmbito da Convenção Americana de Direitos Humanos e demais tratados celebrados sob o patrocínio da Organização dos Estados Americanos. Procedimento das petições individuais e interestatais na Comissão Interamericana de Direitos Humanos (27º CPR; 28º CPR; 29º CPR)
IMPORTANTE	3.c. A proteção internacional dos direitos sociais, econômicos e culturais. Obrigações do Estado na garantia dos direitos sociais, econômicos e culturais e relações com os direitos civis e políticos. A defesa dos direitos sociais, econômicos e culturais no sistema global e no sistema interamericano de direitos humanos. (25º CPR e 28º CPR; 29º CPR)

IMPORTANTE	5.b. A proteção penal dos direitos humanos e seus fundamentos. Mandados internacionais de criminalização. Responsabilidade não penal de indivíduos no direito internacional pela participação em graves violações de direitos humanos. (mandados internacionais de criminalização foi objeto de questão da segunda fase do 28º CPR) 6.b. A Carta da Organização dos Estados Americanos e a Declaração Americana de Direitos e Deveres do Homem. A atuação dos órgãos da Organização dos Estados Americanos na proteção de direitos humanos. (25º CPR; 27º CPR) 7.a. Internacionalização dos direitos humanos. Evolução histórica e antecedentes no Direito Internacional. O Direito Internacional de proteção às minorias. A Carta da Organização das Nações Unidas, a Declaração Universal de Direitos Humanos e a Declaração e Programa de Ação de Viena.(25º CPR; 26º CPR; 29º CPR) 8.b. O sistema de relatórios periódicos nos tratados multilaterais de direitos humanos de âmbito global. O conteúdo das observações gerais dos Comitês criados por tratados multilaterais de direitos humanos. (26º CPR; 27º CPR) 10.b. O sistema europeu de direitos humanos. Evolução histórica. Jurisdição contenciosa e consultiva: trâmite e modos de funcionamento. Métodos de interpretação e execução de decisões do sistema europeu de direitos humanos. (28º CPR; 29º CPR)
RELEVANTE	1.a. Direitos Humanos. Terminologia e a relação com os direitos fundamentais. Estrutura. Fundamento. Evolução histórica. Os destinatários da proteção dos direitos humanos e os sujeitos passivos. (26º CPR) 3.b. Proteção dos direitos das mulheres no Direito Internacional. Igualdade de gênero. Tratados internacionais no âmbito global e regional. A implementação no Brasil da promoção e proteção dos direitos das mulheres. (28º CPR; 29º CPR) 5.a. Direitos humanos e superioridade normativa. Indivisibilidade e interdependência dos direitos humanos. Eficácia dos direitos humanos nas relações entre particulares. Interseccionalidade e os direitos humanos. (25º CPR)

RELEVANTE	6.a. Direitos humanos e seu caráter *erga omnes*. Exigibilidade dos direitos humanos. Aplicabilidade imediata dos direitos humanos. As dimensões subjetiva e objetiva dos direitos humanos. (27º CPR) 6.c. Execução interna das decisões internacionais de direitos humanos. Supervisão internacional do cumprimento pelo Estado das deliberações de direitos humanos. O incidente de deslocamento de competência para a Justiça Federal. (27º CPR) 7b. Proteção dos direitos das pessoas com deficiência no direito internacional: órgãos, tratados e declarações. Direitos das pessoas com transtornos mentais. Direitos das pessoas com transtorno do espectro autista. (27º CPR; 29º CPR) 7c. Conselho de Direitos Humanos da Organização das Nações Unidas: composição, competências e funcionamento. Procedimentos especiais no âmbito do Conselho de Direitos Humanos da Organização das Nações Unidas: evolução histórica, trâmites, tipos de deliberações e efetividade. (26º CPR; 29º CPR) 9c. Liberdade de locomoção. Liberdade de associação. Liberdade de consciência e liberdade religiosa. Liberdade de pensamento e expressão. A proteção (26º CPR) 10 c. O direito à vida e sua proteção. Pena de morte no Direito Internacional. Direito à intimidade, honra e imagem e as restrições possíveis. Liberdade de informação e sigilo de fonte. (26º CPR)
RESIDUAL	2.a. O sistema de petições individuais e interestatais nos tratados multilaterais de direitos humanos de âmbito global. A atuação da Corte Internacional de Justiça na proteção internacional de direitos humanos. 2.c. Interpretação dos direitos humanos. Resolução de conflitos entre direitos humanos. Limitabilidade dos direitos humanos. Restrições dos direitos humanos e suas espécies. Conteúdo essencial dos direitos humanos 3.a. Direitos Humanos. Classificações. Dignidade Humana e seus usos. Fontes internacionais da proteção de direitos humanos. O regime objetivo dos tratados de direitos humanos. Características das normas internacionais de direitos humanos. Normas internacionais imperativas de direitos humanos.

RESIDUAL	4.c. Universalidade dos direitos humanos. Multiculturalismo. Relativismo. Gramáticas diferenciadas de direitos. Abertura dos direitos humanos. Autonomia e indisponibilidade dos direitos humanos 5.c. Direito à igualdade. Dimensões da igualdade e dever de inclusão. As medidas voltadas à implementação da igualdade. Igualdade racial. O combate à discriminação direta e indireta. Racismo institucional. 8.a. Processos internacionais de proteção de direitos humanos. Espécies. Força vinculante dos tipos de deliberações internacionais de proteção de direitos humanos. Coordenação e conflito entre decisões internacionais de proteção de direitos humanos. Subsidiariedade da jurisdição internacional de direitos humanos. 8.c. Justiça de transição, direito à verdade e à justiça. A proteção internacional dos direitos sexuais e reprodutivos. 9.a. A revisão periódica universal do Conselho de Direitos Humanos da Organização das Nações Unidas. A proteção de direitos humanos perante o Conselho de Segurança da Organização das Nações Unidas. 9.b. Política Nacional de Direitos Humanos. O Conselho de Direitos Humanos. Institutos e órgãos de defesa de direitos humanos. A instituição nacional de direitos humanos e a Organização das Nações Unidas. O Ministério Público e a defesa dos direitos humanos.

3. PROVAS DISCURSIVAS E ORAIS

A preparação para a prova subjetiva exige um aprofundamento maior na matéria, principalmente na doutrina e na compreensão dos casos julgados pelas Cortes Internacionais.
Considero essencial o treino regular, razão pela qual sugiro que o candidato escreva sobre os assuntos mais importantes cobrados no edital. Pode-se inserir nas respostas conhecimentos sobre História, Sociologia, Filosofia. Essa é hora de demonstrar todo o seu conhecimento, mas sempre lembrando da limitação de linhas e da necessidade de responder de forma clara as questões pontuadas pelo examinador.

Como a consulta da legislação é permitida, nessa fase não é necessária a leitura intensa dos Tratados e Convenções, priorizando-se a fixação e aprofundamento das questões doutrinárias. Além disso, é importante o conhecimento sobre o material produzido pela examinadora, que guarde pertinência com a matéria ora tratada.

No caso da Dra. Denise Abade, além do Livro Direitos Fundamentais na Cooperação Jurídica Internacional (Abade, Denise Neves, Editora Saraiva), no site da Procuradoria-Geral República (http://cobip.pgr.mpf.mp.br/boletins-eletronicos/BiblioMembros/AlfaPast/D/dra-denise-neves-bade), consta a bibliografia a seguir, que enumerarei para facilitar a pesquisa. Colaciono todo o material disposto no site da PGR, a fim de que o candidato conheça o perfil acadêmico da examinadora.

ARTIGO DE PERIÓDICO

ABADE, Denise Neves. Cachimbos, moinhos e justiça. Boletim Doutrina/Jurisprudência da Procuradoria da República em São Paulo, v. 2, n. 12, p. 10-11, nov. 1997.

ABADE, Denise Neves. Medida provisória ou medida de improviso? Boletim dos Procuradores da República, São Paulo, ano 1, n. 12, p. 14-16, abr. 1999.

ABADE, Denise Neves. O Ministério Público e o acesso à justiça penal. Boletim Científico da Escola Superior do Ministério Público da União, Brasília, v. 1, n. 1, p. 41-52, out./dez. 2001.

ABADE, Denise Neves. A velha perspectiva moderna do direito: análise das garantias processuais penais da Convenção Americana de Direitos Humanos sob a ótica dos tribunais brasileiros. Boletim Científico da Escola Superior do Ministério Público da União, Brasília, v. 1, n. 4, p. 99-110, jul./set. 2002.

ABADE, Denise Neves. O membro do Ministério Público como agente político. Boletim Científico da Escola Superior do Ministério Público da União, Brasília, v. 2, n. 7, p. 39-47, abr./jun. 2003.

ABADE, Denise Neves. Direito de acesso aos autos no processo penal: breve análise crítica. Revista Brasileira de Ciências Criminais, São Paulo, v. 13, n. 57, p. 121-158, nov./dez. 2005.

CAPÍTULO DE LIVRO

ABADE, Denise Neves. Iniciativa e inércia: análise do papel ativo do juiz no processo penal brasileiro. In: MOURA JÚNIOR, Flávio

Paixão de (Coord.) et al. O Ministério Público e a ordem social justa: dez anos da Lei Complementar n. 75/93. Belo Horizonte: Del Rey, 2003. p. 29-60.

ABADE, Denise Neves. Competência federal nos crimes contra a livre concorrência. In: ROCHA, João Carlos de Carvalho (Coord.) et al. Lei antitruste: 10 anos de combate ao abuso de poder econômico. Belo Horizonte: Del Rey, 2005. p. [37]-63.

DISSERTAÇÃO

ABADE, Denise Neves. Ministério Público e garantias constitucionais do processo penal. 2000. 188 f. Dissertação (Mestrado) - Universidade de São Paulo, 2000.

ABADE, Denise Neves. O novo papel do Ministério Público e as garantias do processo penal acusatório. 2002. 276 f. Dissertação (Mestrado) - Universidade de São Paulo, 2002.

LIVRO

ABADE, Denise Neves. Direitos fundamentais na cooperação judiciária entre estados: o direito de acesso aos autos na assistência legal internacional em matéria penal. [2004]. 301 f. Tese (doutorado) - Universidade de Valladolid, [2004].

Para a prova subjetiva é recomendável levar a legislação específica referente a Direito Internacional Público e Privado e Proteção Internacional dos Direitos Humanos, além do *vade mecum*. O índice remissivo pode ajudar bastante, principalmente diante do curto tempo disponível para resolução das questões.

Lembre-se que não se deve trocar o material para essa fase, indico a manutenção da leitura do Curso de Direitos Humanos de André de Carvalho Ramos e do Livro Processo Internacional de Direitos Humanos, do mesmo autor.

Aconselho especial atenção para os "Princípios de Paris" e para o caso *Thomas Lubanga Dyilo*, julgado pelo Tribunal Penal Internacional (TPI), tendo em vista que os dois assuntos foram questionados pela examinadora em provas orais e podem ser novamente suscitados nas provas objetivas ou subjetivas.

A seguir, elenco as questões da prova subjetiva de Proteção Internacional dos Direitos Humanos no 28º e 29º CPR, já que foram elaboradas pela atual examinadora Denise Abade.

28º CPR

Em relação aos procedimentos especiais do Conselho de Direitos Humanos, explique: (i) quais são os poderes de um Relator Especial designado pelo Conselho de Direitos Humanos da Organização das Nações Unidas, o conteúdo possível e força vinculante de suas deliberações?; (ii) quais são os deveres dos Estados diante de tais deliberações - em especial, como o Ministério Público Federal pode zelar pelo seu cumprimento no Brasil?

Essa questão é abordada no Curso de Direitos Humanos, de André de Carvalho Ramos.

28º CPR

Em relação ao sistema interamericano de direitos humanos, explique: (i) a tese da "quarta instância" presente em precedentes da Comissão Interamericana de Direitos Humanos e a posição sobre o tema na Corte Interamericana de Direitos Humanos; (ii) o conceito, os fundamentos e a prática dos mandados internacionais expressos e implícitos de criminalização na proteção de direitos humanos.

Essa questão é abordada no Livro Processo Internacional de Direitos Humanos, de André de Carvalho Ramos.

29º CPR

Discorra sobre a força vinculante dos tipos de deliberações internacionais de direitos humanos que incidem sobre o Brasil, expondo ainda sobre as possibilidades de uso de cada tipo no âmbito doméstico, a relação com a subsidiariedade da jurisdição internacional de direitos humanos e sua natureza contra majoritária.

29º CPR

Discorra sobre a litigância dos direitos sociais no sistema global e interamericano de direitos humanos, expondo ainda sobre os contornos da indivisibilidade e da dimensão objetiva dos direitos humanos em face dos direitos sociais, bem como os modos de defesa direta e indireta de tais direitos.

Percebe-se que, mais uma vez, destacou-se a análise do sistema global e interamericano de proteção aos Direitos Humanos, além de questões referentes à Organização das Nações Unidas. Portanto, é imprescindível o estudo cuidadoso dos referidos assuntos. Além disso, deve-se prestar atenção ao Sistema Europeu de Direitos Humanos, já que foi cobrado pela examinadora na prova oral.

A fim de auxiliar nas pesquisas das questões das provas subjetivas, colaciono as questões de Proteção Internacional dos Direitos Humanos do 27º CPR:

27º CPR

3. O que se entende por eficácia horizontal ("Drittwirkung") da proteção internacional dos direitos humanos? A proibição da tortura se dá em eficácia horizontal?

4. Qual é a relação entre dispositivos de derrogação explícita de direitos dos tratados internacionais de direitos humanos e o art 3º comum às quatro Convenções de Genebra de 1949? Há conflitos de regimes internacionais em situações de emergência cobertas ora por uns, ora por outro?

Por fim, com relação à prova oral, essa é a hora que a calma e o controle psicológico fazem toda a diferença. Quem chegou a essa fase já demonstrou que possui o conhecimento necessário para ingressar no Ministério Público Federal.

Para garantir um mínimo de tranquilidade nesse momento, é essencial TREINAR!! Por isso, sugiro que o candidato forme grupos com outros colegas aprovados e simule, com certa periodicidade, as perguntas e as respostas da prova oral.

Eu fiz esse tipo de simulado com quatro colegas, semanalmente, e posso afirmar que foi muito importante para realização de uma boa prova. Além disso, filmei algumas das minhas respostas nos simulados, com o fim de analisar minha postura corporal e eventuais vícios de linguagem.

O Curso para prova oral de Edilson Vitorelli e o Curso do Alcance também são bons. Nessa fase, quanto mais treino melhor, a fim de que o candidato acostume-se a expor seu raciocínio de forma clara e serena.

Na prova oral do MPF, o sorteio dos pontos é feito no momento da arguição, conforme as disciplinas expostas no Edital.

Portanto, como dica final, aconselho que não seja negligenciado nenhum ponto, a fim de que não haja surpresas indesejáveis no momento do sorteio. Deve-se procurar saber os conceitos essenciais, de forma a evitar que o assunto escolhido seja justamente aquele que não foi estudado.

Capítulo 4

GRUPO I – DIREITO ELEITORAL

Victor Riccely Lins Santos

Uma particularidade do concurso para Procurador da República é a divisão das disciplinas em 4 grupos, os quais possuem uma relativa equivalência em graus de dificuldade. E essa divisão deve ser utilizada de forma inteligente pelo candidato, de sorte que a definição das estratégias de estudo deve necessariamente perpassar por uma análise individualizada de cada disciplina em relação à seguinte equação: grau de dificuldade x quantidade de pontos na prova.

Claro que para se aferir o "grau de dificuldade" de cada disciplina vários aspectos devem ser considerados, dos quais destaco a quantidade de assuntos constantes no edital, nível de profundidade das questões e bibliografia necessária para cobrir toda a matéria.

Definido o "grau de dificuldade", incumbe ao candidato sopesar essa grandeza com o número de pontos que cada disciplina proporciona ao longo das fases do concurso. Dada a constância e relativa uniformidade das provas aplicadas nos últimos cinco CPRs (25, 26, 27, 28 e 29), essa tarefa não é difícil; tomando como exemplo Direito Eleitoral, é possível prever, com precisão, a seguinte disposição de questões: 10 questões na prova objetiva e 2 questões na discursiva, sendo que na oral o número de perguntas varia para cada arguição, mas todas as matérias têm o mesmo peso.

A análise prévia dessa "equação" revela que, na prova objetiva, por exemplo, **Direito Eleitoral proporciona a mesma pontuação que Direito Constitucional**, embora certamente possuam graus distintos de dificuldade. Assim, ainda que seja preciso despender muito mais tempo e energia para conseguir exaurir todos os temas do edital de Direito Constitucional, esta matéria dará a mesma pontuação que Direito Eleitoral, notoriamente com um edital mais enxuto.

Com isso, não pretendo, em absoluto, sugerir ao leitor que negligencie Direito Constitucional, que é imprescindível; mas apenas demonstrar que, pelo menos sob a perspectiva do custo x benefício, vale a pena dar uma atenção especial ao Direito Eleitoral na preparação para o CPR, pois dali o candidato poderá angariar preciosos pontos e avançar às fases seguintes do certame.

1. BIBLIOGRAFIA INDICADA

Considerando o nível de profundidade exigido nas provas de direito eleitoral, sugiro ao candidato a escolha de **apenas um livro** base. Dentre os livros disponíveis no mercado, recomendo os seguintes:

- GOMES, José Jairo. Direito Eleitoral. Atlas, 2016. José Jairo Gomes certamente é um dos autores mais respeitados na seara eleitoral, e esse livro consegue abordar com profundidade os principais temas da doutrina eleitoral. Apenas observo que o autor deixou para tratar em livro próprio a temática dos Recursos Eleitorais.
- ALMEIDA, Roberto Moreira de. Curso de Direito Eleitoral. Ed. Juspodivm. Mais um autor pertencente ao Ministério Público Federal. A obra contempla praticamente todo o edital. Um ponto positivo é a apresentação, ao final de cada capítulo, da jurisprudência do STF e TSE, bem como das súmulas da Corte Eleitoral.
- ZILIO, Rodrigo Lopes. Direito Eleitoral. Ed. Verbo Jurídico. Membro do Ministério Público do Estado do Rio Grande do Sul, a obra tem como um de seus pontos fortes a abordagem das ações eleitorais, tema sempre muito cobrado nas provas de Procurador da República.

Além desses livros, indico também ao candidato buscar algum compilado de jurisprudência do Supremo Tribunal Federal que apresente os informativos daquela Corte acerca da matéria eleitoral. A série "Principais Julgados do STF e STJ", da editora Dizer o Direito, apresenta logo em seu sumário as decisões do STF que possam ter repercussão no campo eleitoral. Como são poucas (mas relevantes) decisões, sugiro a leitura das edições dos julgados de 2015 a 2018.

Infelizmente, o mercado se ressente de um compilado de julgados do próprio Tribunal Superior Eleitoral, que poderia auxiliar muito aqueles candidatos que não atuam na seara eleitoral a conhecerem a jurisprudência do TSE. O próprio TSE disponibiliza gratuitamente, em seu site, o Código Eleitoral Anotado e Legislação Complementar, contendo as principais normas eleitorais com referência aos julgados correlatos: http://www.tse.jus.br/legislacao/codigo-eleitoral-anotado

2. PERFIL DO EXAMINADOR:

Continuando a banca examinadora do certame anterior, Direito Eleitoral ficará novamente a cargo do PRR João Heliofar. Dada sua experiência na Procuradoria-Geral Eleitoral, João Heliofar trouxe para o CPR um viés mais prático do direito eleitoral, passando a exigir dos candidatos uma atenção maior à jurisprudência do Tribunal Superior Eleitoral, o que não foi cobrado nas provas anteriores.

Além disso, tanto na prova objetiva quanto na subjetiva foi dada ênfase à análise de casos práticos, o que deve ser novamente uma tendência para o próximo exame. Outra conclusão indiscutível: com a entrada de João Heliofar na banca, o grau de dificuldade da prova de direito eleitoral aumentou sensivelmente.

Assim, a permanência desse examinador na banca revela a necessidade de os candidatos se atentarem à jurisprudência do TSE, como também aos posicionamentos do Supremo Tribunal Federal com repercussão na área eleitoral.

Para ter uma noção mais abrangente sobre o examinador, sugere-se ao candidato acessar o minicurso por ele dado na Escola Superior do Ministério Público da União, disponibilizado no YouTube por meio do seguinte link: https://www.youtube.com/watch?v=zi9o9MmPZrE&list=PL_CIj1wqvg33q4HhQdvUOqwDtdlNosNu5.

No referido curso, o examinador gravou 8 videoaulas tratando sobre as ações eleitorais, trazendo uma diversidade de casos práticos oriundos de sua vasta experiência na área.

A par de possibilitar conhecer a linha de pensamento do examinador, as aulas são bastante úteis também para que o candidato aprenda, de forma mais aprofundada, o tema das ações eleitorais sob a perspectiva do Ministério Público Federal.

Aliás, algumas questões cobradas nas provas do 28º versaram sobre casos práticos citados nas referidas aulas, tornando ainda mais oportuna e recomendada a visualização desses vídeos.

3. CURSOS

Há de se ter em mente que o concurso de Procurador da República possui um grande número de disciplinas, e fazer um curso específico apenas sobre eleitoral pode exigir uma parcela de tempo preciosa da qual o candidato pode não dispor.

Entretanto, caso se opte em fazer algum curso, as duas últimas prova de Direito Eleitoral do CPR inovou consideravelmente ao exigir um conhecimento mais consistente sobre a jurisprudência eleitoral. Desse modo, penso ser interessante o candidato buscar algum curso que dê um panorama sobre a jurisprudência consolidada e mais recente do Tribunal Superior Eleitoral, como também do Supremo Tribunal Federal. Recomendo os cursos Alcance e Ênfase, especialmente para a segunda fase, pois nessa etapa os professores já tratam dos temas mais debatidos nas Cortes e sabem da importância de se revisar a jurisprudência.

4. ANÁLISE DAS PROVAS OBJETIVAS

Antes de analisar detidamente a prova objetiva, cabe fazer algumas considerações sobre o programa de Direito Eleitoral aprovado para o 29º CPR, que provavelmente será replicado para o 30º CPR.

Houve uma alteração substancial na disciplina de Direito Eleitoral no edital do 29º CPR, quando comparado com os programas anteriores. Dentre as mudanças, pontuo as seguintes:

a) Os temas de maior relevo estão mais detalhados e foi incluído um volume significativo de novos assuntos, que não constavam de forma explícita nos editais anteriores;

b) Alguns pontos do 28º CPR foram aglutinados em apenas um subponto do 29º, a fim de permitir a inserção de mais conteúdo no edital da disciplina;

c) A exemplo das outras disciplinas, os subpontos não mais estão agrupados por tema, tendo sido distribuídos aleatoriamente ao longo do edital (isso irá repercutir principalmente na fase oral).

d) Nota-se um acréscimo de subpontos relativos às ações eleitorais, denotando a relevância que o examinador confere a tal temática.

Como já dito, a grande novidade do 28º e 29º CPR foi a maior ênfase dada à jurisprudência do TSE e STF quando comparado com as provas anteriores. Para uma melhor visualização do impacto dessa mudança, apresenta-se o quadro abaixo, com uma breve análise das últimas quatro provas objetivas[1]:

CPR	Legislação[1]	Jurisprudência	Doutrina
29º	3	5	2
28º	2	6	2
27º	8		2
26º	7		3
25º	9		1

Resumo das últimas provas:

25º e 26º - Muitas referências à legislação eleitoral, especialmente a Constituição, Lei 9.504/97 e LC 64/90. Praticamente nenhuma exigência de jurisprudência e doutrina. Os pontos que não tratam diretamente da literalidade legal dizem respeito a conhecimentos básicos da doutrina eleitoral. Quanto às ações eleitorais, as questões demandavam conhecimento bem superficial sobre o objeto e consequência de cada uma.

27º - Embora as questões não reproduzam, *ipsis litteris*, o teor da legislação eleitoral, a resolução da maioria dos enunciados exigia mero conhecimento da lei seca, sem maiores divagações jurisprudenciais e doutrinárias. As poucas questões que versaram sobre

1. Nessa classificação, destacamos o tipo de conhecimento que foi preponderante na resolução de cada questão, mesmo sabendo que, em algumas delas, foram exigidos do candidato temas mistos (p. ex., legislação + jurisprudência).

doutrina eram bem simplórias, não demandando conhecimento de posições doutrinárias mais profundas.

28º e 29º – Provas baseadas em situações corriqueiras na prática da atividade eleitoral. Há um enfoque em questões relativas ao processo judicial eleitoral, a exemplo de recursos e competência. Diferentemente das provas anteriores, foi dada ênfase a entendimentos jurisprudenciais do TSE, e não só à letra pura da lei e Constituição. O eixo da prova girou em torno das ações eleitorais, inelegibilidades, recursos e competência. Em suma, o nível de dificuldade dessas provas destoou dos exames anteriores, requerendo do candidato um conhecimento da jurisprudência recente do TSE.

Da tabela anterior percebe-se, de plano, um incremento considerável de temas jurisprudenciais nas últimas duas provas, sendo que elas cobraram assuntos atinentes a julgados do Tribunal Superior Eleitoral e Supremo Tribunal Federal.

Ainda nessa linha, continua sendo indispensável o estudo dos enunciados sumulares publicados pelo TSE. Eles tratam dos mais variados assuntos eleitorais, e sintetizam a jurisprudência consolidada do Tribunal Superior Eleitoral. De certo modo, o estudo dessas súmulas permite ao candidato conhecer, de forma mais rápida e direta, os principais posicionamentos jurisprudenciais da Corte Eleitoral. É altamente recomendável a leitura atenta desses enunciados.

Outro ponto a que todos os candidatos devem ter extrema atenção diz respeito às inovações trazidas pelas Leis 13.165/15, 13.487/17 e 13.488/17. Juntas, essas leis promoveram alterações substanciais em diversos aspectos do processo eleitoral, especialmente na dinâmica do financiamento de campanha, bem como nas regras de propaganda eleitoral.

Uma última constatação: sem dúvida, o 28º e 29º CPR mudaram o patamar de dificuldade da prova de Eleitoral. Muitos candidatos foram pegos de surpresa com questões demandando conhecimento de julgados do TSE, pouco explorados nos exames anteriores. Com essa alteração, o Grupo 1 da etapa objetiva passou a merecer ainda mais atenção dos candidatos, já que as disciplinas Constitucional e Proteção Internacional dos Direitos Humanos possuem um conteúdo programático extenso.

Feitas essas considerações, passo à análise do edital. Agrupei os pontos em áreas temáticas, para facilitar a divisão dos assuntos segundo seu nível de importância na prova:

MUITO IMPORTANTE

Pontos 1.c, 2.b, 7.a, 8.b, 8.c e 9.a Ações eleitorais	22 (28º CPR); 27 (27º CPR); 26, 29, 30 (26º CPR); 94, 98, 100 (25º CPR)	Tema mais importante da prova, tanto na fase objetiva quanto na subjetiva. É imprescindível saber com clareza as hipóteses de cabimento, rito e prazos de ajuizamento de cada uma das ações, especialmente AIJE e AIME. Ver Respe 84356/2012, TSE
Ponto 1.b, 10.a Partidos políticos, financiamento e fidelidade partidária	24, 29, 30 (28º CPR); 28 (27º CPR); 23 (26º CPR); 92, 97 (25º CPR)	Atentar às recentes alterações promovidas pela minirreforma, especialmente em relação ao fim do financiamento por pessoa jurídica. Quanto à fidelidade partidária, é o único assunto em que se exigiu conhecimento de resolução do TSE. Ver também a ADI 5081.
Pontos 3.c, 5.b Inelegibilidades, Lei da Ficha Limpa e registro de candidatura	27, 28 (28º CPR); 25 (27º CPR); 21 (26º CPR); 99 (25º CPR)	A leitura do art. 14 da CF e da LC 64/90 é absolutamente obrigatória, atentando-se às principais causas de inelegibilidade. Ver RE 848826 e 729744, STF
Pontos 5.c e 7.b Propaganda eleitoral	26 (27º CPR); 27, 28 (26º CPR); 96 (25º CPR)	A propaganda eleitoral sofreu diversas mudanças com a Lei 13.165/15, especialmente em relação ao novo regime da propaganda antecipada. Nesse tema normalmente se exige o conhecimento puro da legislação.
Ponto 4.b Recursos eleitorais cíveis	21, 25 (28º CPR); 24 (27º CPR)	Como são poucos os recursos eleitorais, o principal aqui é saber suas hipóteses de cabimento e a competência para apreciá-los.

IMPORTANTE

Ponto 4.c Ministério Público Eleitoral	30 (27º CPR); 95 (25º CPR)	Conhecer com clareza a função do Procurador Regional Eleitoral e do Promotor Eleitoral. Importante: ver ADI 3802
Pontos 10.c, 6.b Processo penal eleitoral, recursos e competência	26 (28º CPR); 29 (27º CPR)	Atentar ao foro por prerrogativa de função no processo penal eleitoral. Ver HC 127900, STF

Pontos 5.a, 7.c e 9.b Condições de elegibilidade e alistamento	21 (27º CPR); 25 (26º CPR)	Memorizar o art. 14 da CF. Atentar também ao art. 11, § 10, da Lei 9.504/97 e à Súmula 43 do TSE.
Ponto 8.a Sistemas Eleitorais. Plebiscito, referendo e iniciativa popular.	22 (27º CPR); 91 (25º CPR)	Doutrina mais básica e legislação pertinente.
Ponto 10.b Crimes Eleitorais	23 (28º CPR); 93 (25º CPR)	Sem dúvida, os principais crimes são a corrupção eleitoral e a falsidade ideológica eleitoral (arts. 299 e 350 do CE). Atentar também às penas previstas para os delitos eleitorais.
Ponto 2.a Direitos políticos e voto	22 (26º CPR)	Basicamente, o art. 14 da CF.

RESIDUAL

Pontos 3.a Justiça Eleitoral	24 (26º CPR)	Doutrina simples.
Ponto 2.c Organização do eleitorado	23 (27º CPR)	Idem.

PONTOS INÉDITOS

Ponto 1.a Direito à democracia. Conceito formal e material de democracia. Elementos essenciais da democracia. Democracia e direitos humanos.	Tema abrangente, que inclusive tangencia com pontos de outras disciplinas, especialmente o 14.b de Constitucional e 17.a de Direito Internacional.
Ponto 3.b Diplomação dos eleitos. Suplentes. Nulidades e novas eleições. Prerrogativas e vedações aos eleitos após a diplomação.	A principal novidade é a redação dada pela Lei 13.165/15 ao art. 224, §§ 4º e 5º, do Código Eleitoral, tornando obrigatória a realização de novas eleições em caso de indeferimento de registro, cassação de diploma ou perda de mandato.

Ponto 4.a a. Prestação de contas dos partidos políticos. Prestação de contas de campanha. Arrecadação de recursos e gastos nas campanhas eleitorais. Procedimento de prestação de contas, competência para julgamento e efeitos da decisão.	Assunto inteiramente novo. Com a vedação de doação eleitoral por pessoa jurídica, há uma expectativa de aumento das fraudes na arrecadação de recursos pelos partidos e candidatos. Daí a relevância que a prestação de contas passou a ter no processo eleitoral. Dar atenção às sanções cabíveis quando as contas são desaprovadas e quando julgadas não prestadas.
Ponto 6.a Atuação do pré-candidato e seu regime jurídico. Convenção partidária. Validade. Prazo de realização e forma de deliberação. Coligações.	A Lei 13.165/15 alterou sensivelmente a disciplina da pré-campanha, possibilitando uma margem mais ampla de atuação ao pré-candidato. Obrigatório ler o art. 36-A da Lei 9.504/97.
Ponto 6.b Procedimento preparatório eleitoral	Ter conhecimento da polêmica criada pelo art. 105-A da Lei 9.504/97, e sua superação com o regramento do PPE, pelas Portarias PGR 499 e 692.
Ponto 6.c Propaganda intrapartidária. Propaganda partidária. Promoção e difusão da participação feminina pela propaganda partidária. Representação eleitoral por desvirtuamento da propaganda partidária: competência, legitimidade, processamento e sanções	Embora o edital do 28º já contivesse a previsão da "propaganda partidária", o atual subponto 6.c destrinchou a matéria, tratando inclusive da representação disciplinada no art. 45 da Lei 9096/95. A "cota de gênero" na propaganda partidária também merece atenção.
Ponto 9.c Inclusão eleitoral da pessoa com deficiência. Regras de estímulo à participação política feminina. Regramento do voto do preso provisório	Quanto à pessoa com deficiência: Lei 13.146/15, arts. 67 e 76; Voto do preso provisório: Resolução TSE 23.461/15; Participação feminina: art. 10, § 3º, da Lei 9.504/97 e art. 45, IV, da Lei 9.096/95.

5. PROVAS DISCURSIVAS E ORAIS

Aqui o candidato deve novamente ter um olhar estratégico na distribuição de tempo de estudo entre as matérias. Em relação à segunda fase, no Grupo 1, o verdadeiro protagonista é Direito Constitucional e Metodologia Jurídica: dos 100 pontos em jogo, 60 se referem à disciplina. Os outros 40 são divididos igualmente entre Direito Eleitoral (2 questões) e Proteção Internacional dos

Direitos Humanos (2 questões). Ou seja, tanto na hora de definir o tempo a ser gasto nos estudos, quanto durante a própria realização da prova, o pensamento estratégico é fundamental, de modo que não adianta despender uma energia maior numa disciplina cuja pontuação é sensivelmente menor.

Isso não significa, obviamente, que não se deve estudar essas disciplinas. Numa prova que exige apenas que se alcance a nota mínima de corte, uma única questão (de 10 pontos) pode ser o que separa o candidato da tão sonhada aprovação.

Lembro também que as questões de eleitoral têm limite de 20 linhas, cada uma. Desse modo, independentemente do tema e nível de complexidade da questão, não se exigirá que o candidato escreva um tratado de direito eleitoral. Aliás, ser conciso é imprescindível nas questões com limite de linhas, pois o que sobejar tal limite não será considerado pela banca examinadora. O candidato tem que demonstrar conhecimento, mas deve ir direto ao tema.

Assim, se o tempo estiver curto durante o estudo da segunda fase, o foco deve recair em dois temas: ações eleitorais, condições de elegibilidade e inelegibilidades. Basta uma rápida análise das últimas cinco provas para perceber que, à exceção do 27º CPR, todas as outras provas discursivas giraram em torno desses dois pontos. Quanto mais agora, com João Heliofar na banca, pois ele já mostrou dar prioridade a esses temas mais práticos e menos teóricos.

E aqui recordo novamente das videoaulas mencionadas anteriormente, já que na prova discursiva do 28º CPR parte das questões foi tirada dos casos práticos por ele mencionados naqueles vídeos.

Quanto às ações eleitorais, normalmente se exige que o candidato saiba divisar as respectivas hipóteses de cabimento, prazos de ajuizamento e sanções aplicáveis em cada uma delas. Como são várias ações no campo eleitoral, é importante buscar sistematizar esses dados, especialmente numa tabela ou mecanismo similar. Quando fiz a segunda fase, adotei a estratégia de visualizar uma tabela contendo as principais informações das ações eleitorais logo antes de iniciar a prova, para deixar o conhecimento bem "fresco" na memória.

Além desses dois temas, como já apresentado na tabela anterior, é válido dedicar um tempo para estudar os **pontos inéditos** do edital, inseridos no 29º CPR. Dentre eles, destaco os subpontos 6.c,

9.b e 9.c, que tratam de medidas legislativas que visam a fomentar a participação feminina no processo eleitoral. De fato, a fiscalização dessas normas é tema caro ao Ministério Público Federal, especialmente em relação à cota de gênero na fase do registro de candidatura e na propaganda partidária. Aliás, a propaganda partidária ganhou um subponto específico, tendo sido mencionada pela primeira vez no edital a representação eleitoral em face de seu desvirtuamento. Enfim, por envolverem assuntos proeminentes dentro do Ministério Público Eleitoral, a atenção a eles deve ser redobrada.

É nessa fase também que o candidato deve estar mais atento aos julgados de grande repercussão do Tribunal Superior Eleitoral e do Supremo Tribunal Federal. Sites como "Dizer o Direito" fazem uma análise aprofundada da jurisprudência do STF e lá sempre é dada uma atenção especial aos julgados atinentes à matéria eleitoral. É uma ótima maneira de se manter atualizado. Longe de querer esgotar o tema, destaco alguns recentes julgados do STF que merecem atenção:

a) RE 1128439/RN - A vedação ao exercício de três mandatos consecutivos pelo mesmo núcleo familiar incide também na hipótese em que um dos mandatos tenha sido para suceder o eleito que foi cassado;
b) ADI 5525 e 5619 – análise sobre a constitucionalidade dos §§ 3º e 4º do art. 224 do Código Eleitoral;
c) ADI 4451 – são inconstitucionais dispositivos da Lei das Eleições que vedavam sátira a candidatos;
d) AP 968 – candidato que omite, em sua prestação de contas, recursos utilizados em sua campanha eleitoral, pratica o crime do art. 350 do Código Eleitoral;
e) RE 969270/DF – é aplicável a alínea "d" do inciso I do art. 1º da LC 64/90, com a redação dada pela LC 135/2010, a fatos anteriores a sua publicação;
f) RE 848826 e 729744 – fixou que o julgamento feito pelo Tribunal de Contas estadual sobre as contas do prefeito não gera, por si só, a inelegibilidade prevista no art. 1º, § 1º, I, alínea "g", da LC 64/90, devendo existir a apreciação pela Câmara Municipal;

g) ADI 3802 - declarou a constitucionalidade da norma que confere ao Procurador Regional Eleitoral o poder de designar os promotores eleitorais;
h) HC 127900 - tornou obrigatória a adoção, no processo penal eleitoral, da regra prevista no art. 400 do CPP, devendo o interrogatório ser o último ato instrutório;
i) ADI 5104 - suspendeu a resolução do TSE que proibia o Ministério Público Eleitoral de requisitar a instauração de inquérito diretamente à autoridade policial, independente de autorização judicial;
j) ADI 4650 - proibiu a doação de pessoa jurídica à campanha eleitoral.

Por fim, temos a fase oral. Em regra, poucos candidatos são reprovados na prova oral, então quem chegou até aqui já está com um pé dentro do MPF. Mas vale lembrar que, nessa etapa, o candidato deve conseguir a nota mínima em todas as disciplinas, de modo que qualquer deslize pode significar o fim do concurso. Daí que não se pode negligenciar nenhuma das disciplinas.

Como há sorteio de pontos, deve-se buscar, mais do que nunca, saber um pouco de tudo, pois qualquer tema é passível de ser exigido na hora do sorteio. Assim, a melhor estratégia é buscar um conhecimento mais holístico, ainda que superficial, e menos aprofundado. O principal é o candidato saber discorrer sobre conceitos básicos em relação a todos os pontos.

Na minha prova de eleitoral, por exemplo, me foram questionadas duas questões relacionadas a súmulas do TSE, bem como noções básicas da legislação eleitoral.

Quanto a Direito Eleitoral, o 29º CPR inovou: agora os subitens de cada ponto tratam de assuntos diversos, o que de certa forma até ajuda na hora da prova, já que permite ao examinador explorar matérias diferentes numa mesma arguição, e auxilia o candidato que, por exemplo, não se recorda de uma área temática específica.

Nessa etapa, o candidato já demonstrou que possui conhecimento técnico suficiente para ocupar o cargo de procurador da República. Então, o principal é tentar se manter calmo, focado, e principalmente demonstrar equilíbrio emocional diante da situação de pressão inerente a uma arguição oral.

Capítulo 5

GRUPO II – DIREITO ADMINISTRATIVO E AMBIENTAL

Hugo Elias Silva Charchar

1. BIBLIOGRAFIA INDICADA

Na preparação para a prova do Concurso de Procurador da República, o candidato tem pela frente 16 matérias divididas em 4 grupos, o que além de dedicação e foco nos estudos faz com que seja necessário um pouco de estratégia em razão do formato do concurso.

Não há dúvidas que tanto administrativo quanto ambiental não estão entre mais temidas da primeira fase, entretanto, elas podem fazer a diferença para a classificação para a primeira fase.

Lembre-se que para aprovaçao na primeira fase é necessário, além de fazer 15 pontos líquidos em cada um dos grupos, que o candidato fique entre as 200 maiores notas da prova objetiva.

Desta feita, o candidato que negligência as matérias menos temidas como Administrativo, Ambiental, Tributário, Econômico e Consumidor corre o risco de perder pontos importantes que farão diferença na classificação para a próxima fase ou garantam o mínimo no grupo.

Portanto, é crucial que se reserve uma parte importante no estudo para estas matérias que vão ajudar o candidato a não só fazer o mínimo em cada grupo, mas também conseguir atingir pontuação suficiente para lhe colocar entre os 200 guerreiros que irão para segunda fase.

A prova de direito Administrativo nos últimos quatro concursos tem passado por uma abordagem mais crítica, diminuindo a incidência de questões tiradas do texto de lei para cobrar mais entendimento doutrinário e posicionamento dos tribunais superiores.

Em questões práticas sugiro o que o candidato dê pelo menos 5% do seu tempo disponível para o Estudo para o Direito Administrativo, no qual deverá usar pelo menos metade deste tempo para o estudo de doutrina, em especial aquelas matérias que são mais cobradas conforme apontado no quadro mais a frente.

Assim, caberia a outra metade do tempo a ser utilizada para o estudo de jurisprudência e a leitura de lei seca. Não se esqueçam de que, apesar de ter diminuído sua incidência, ela ainda é cobrada, podendo ser decisiva para algumas das cinco questões de direito administrativo que vem sendo cobradas nas provas.

Quanto a Direito Ambiental, o seu estudo é estratégico para um melhor desempenho na prova, visto que nos últimos concursos vêm sendo cobradas cinco questões das dez que se referem a este ponto, ou seja, é a oportunidade de ganhar pontos importantes para aprovação.

Considerando que neste item são cobrados 23 pontos, divididos em a, b e c, sendo que em cada ponto temos duas letras que se referem a Administrativo e uma que se refere a Ambiental, no final temos 46 itens de Administrativo sendo cobrados em 5 questões e 23 itens de Ambiental sendo cobrados em outras 5 questões.

Lógico que esta tendência não é uma regra absoluta cujo examinador pode alterar, entretanto, os examinadores desta matéria tendem a continuar cobrando de maneira equitativa entre direito ambiental e administrativo, acredito que a tendência de cinco questões de Administrativo e cinco de Ambiental deve ser mantida.

Assim, o estudo de direito Ambiental com foco na jurisprudência e legislação pode trazer bons resultados ao candidato durante a prova, pois pode-se garantir 05 questões das 15 necessárias para aprovação do grupo.

Com estas considerações, acredito que a bibliografia indicada para o estudo de Direito Administrativo deve se iniciar com os livros, com o candidato começando a elaborar seus próprios resumos seja com anotações em caderno ou grifando partes do livro para releitura futura, um bom livro assim seria.

Numa situação em que o candidato tivesse um tempo maior para estudo, aconselho a leitura do manual do professor José dos Santos Carvalho Filho, que sem dúvida dará ao candidato um estudo bem completo e crítico, entretanto, sei que por questão de tempo não é possível dispor de tempo suficiente de ler todos os livros que gostaríamos. Esses manuais direcionados para concurso são muito úteis, visto que já trazem consigo muitos julgados, tais como os dos professores Marcelo Alexandrino e Vicente Paulo, além do manual da Juspodivm do professor Matheus Carvalho.

Quanto a Direito Ambiental, sem dúvida, a obra do professor Édis Milaré deixará satisfeito, mas caso seja necessário partir para um manual sugiro o manual do professor Romeu Thomé, sempre acompanhado da leitura de julgados e da legislação correspondente.

Sugiro ao candidato, futuro procurador, que sempre esteja em dia com os últimos julgados do STJ e STF, por isso é bom se cadastrar no *push* destes tribunais ou acompanhar religiosamente as publicações do site Dizer o Direito.

A leitura dos julgados dos últimos três anos, no mínimo, é essencial, por sorte tanto o STJ quanto o STF dispõem nos seus *sites*, repertórios de seus julgados por ano e assunto o que ajuda em muito para colocar a leitura em dia.

Como ambas são matérias comuns a muitos concursos, não acho necessário assistir a aulas de cursinho para elas; um bom material e um bom roteiro de estudo são suficientes para uma boa prova.

2. ANÁLISE DE PROVAS PASSADAS

As últimas provas tem levado a cobrar tanto Direito Administrativo quanto de Direito Ambiental tem se cobrado do candidato conhecimentos mais críticos, o que leva a uma abordagem maior de doutrina e decisões do STJ e STF, além de ter preferência por algumas matérias mais comuns no cotidiano de um Procurador da República.

Desta forma, tem se cobrado com uma frequência maior algumas matérias como de improbidade administrativa, Responsabilidade Administrativa, descentralização administrativa, unidades de preservação, defesa do patrimônio cultural e responsabilidade Ambiental.

Relevância	PONTO DO EDITAL	CPR que exigiu o ponto e o nº da questão	OBSERVAÇÕES
Baixa	1.a) Conceito, objeto e fontes do Direito Administrativo. Direito Administrativo Constitucional.		Leitura de Doutrina a fim de saber as classificações pertinentes.
Alta	1.b) Improbidade administrativa: sujeitos e atos. Lei nº 8.429/1992.		Percebe-se que improbidade administrativa foi dividida em vários pontos sendo importante o estudo doutrinário e de jurisprudência do STJ.
Baixa	1.c) Meio ambiente e direitos fundamentais. Bens ambientais. Características.		Leitura de Doutrina a fim de saber as classificações pertinentes.
Média	2a. Proteção jurídica da fauna.	25 (19)	Entendimentos do STJ e leitura da Lei nº 5.197/1967 e Lei nº 11.794/2008.
Alta	2b. Classificação dos atos administrativos. A responsabilização por atos lesivos à administração pública nacional e estrangeira de acordo com a Lei nº 12.846/2013.	28 (33) 29 (34)	A lei nº 12.846/13, apesar de não estar explicitamente no edital passado já foi cobrada no último concurso logo deve o candidato fazer uma leitura atenta da lei junto com o material de estudo.
Média	2c. Limitações administrativas. Ocupação temporária. Requisição. Servidão. Parcelamento, edificação ou utilização compulsórios.		Leitura de Doutrina a fim de saber as classificações pertinentes, bem como posicionamento dos tribunais superiores.
Baixa	3a. Funções (atividades) administrativas. Função consultiva. Função de regulação. Função de controle. Função de fomento.		Leitura de Doutrina a fim de saber as classificações pertinentes.

Relevância	PONTO DO EDITAL	CPR que exigiu o ponto e o nº da questão	OBSERVAÇÕES
Baixa	3b. Vícios ou defeitos dos atos administrativos. A teoria das nulidades no Direito Administrativo. Atos administrativos nulos, anuláveis e inexistentes.		Leitura de Doutrina a fim de saber as classificações pertinentes.
Média	3c. Proteção jurídica da flora.		Leitura do Código Florestal (Lei nº 12.651/2012 – área de preservação permanente, reserva legal, cadastro rural e programa de preservação do meio ambiente)
Alta	4a. Princípios de Direito Ambiental.	26(38) 29 (39)	Especial atenção para Prevenção, Prevenção, desenvolvimento sustentável, Poluidor-Pagador, do Usuário-Pagador, Solidariedade intergeracional ou equidade e Participação Comunitária
Média	4. b. Teoria dos motivos determinantes. Teoria do desvio de poder. Acordo de leniência da Lei nº 12.846/2013.	29 (34)	Acordo de Leniência foi incluído agora em direito administrativo, deve ser cobrada nas próximas provas de maneira interdisciplinar com questões de combate a improbidade.
Média	4. c. Licitação. Princípios. Modalidades. Dispensa e inexigibilidade de licitação.	28(32)	Licitação não é cobrada com frequência mas deve no mínimo se fazer a leitura da legislação (lei nº 8.666/93).
Alta	5. a. Competências ambientais na Federação brasileira. Ações de cooperação.	25 (20) 27(36) 28(37)	Grande incidência de questões com base em julgados do STJ e STF além da lei complementar nº 140/11.

Relevância	PONTO DO EDITAL	CPR que exigiu o ponto e o nº da questão	OBSERVAÇÕES
Baixa	5. b. Revogação, anulação, cassação e convalidação do ato administrativo.		Leitura de Doutrina a fim de saber as classificações pertinentes.
Baixa	5. c. Desconcentração e descentralização administrativa. Privatização.		Leitura de Doutrina a fim de saber as classificações pertinentes.
Média	6. a. Personalidade de Direito Público. Pessoas administrativas. Autarquias. Sociedades de economia mista. Empresas públicas. Fundações públicas. Consórcios públicos. Outros entes.	28 (34)	Leitura de Doutrina em especial para autarquia, fundações e consórcios públicos.
Baixa	6. b. Contratos administrativos.		Leitura de Doutrina mais legislação (lei nº 8.66/93-arts. 54 e segs.)
Média	6. c. Instrumentos de incentivo à conservação do meio ambiente. Instrumentos econômicos, instrumentos governamentais. Serviços ambientais. Servidão ambiental.	27 (40)	Em razão da atuação no MPF acredito que mais questões referentes a uma conduta proativa podem surgir assim é interessante o estudo de doutrina + Jurisprudência do STF e STJ.
Média	7. a. Desapropriação. Espécies. Indenização. Direito de extensão. Retrocessão. Desapropriação indireta.	25 (11) 26 (31)	Estudo de Legislação (Art. 182 e 184 da CF/88, Decreto-Lei nº 3.365/41, Lei nº 4.132/62, Lei complementar 76/93; Lei 10.257/2001) + Jurisprudência em especial a do STJ.
Baixa	7. b. Teoria do órgão. Representação judicial das pessoas de Direito Público.		Leitura de Doutrina

Relevância	PONTO DO EDITAL	CPR que exigiu o ponto e o nº da questão	OBSERVAÇÕES
Média	7. c. Responsabilidade administrativa por danos ambientais. Infrações e sanções administrativas ambientais.		Em razão da atuação do MPF pode ser cobrada questões advindas de Doutrina e Jurisprudência do STF e STJ.
Baixa	8. a. Administração Pública direta. A estrutura da Administração Pública Federal.		Leitura de Doutrina
Baixa	8. b. Licitação: procedimento, fases, revogação e anulação. Recursos e sanções. Controle administrativo e jurisdicional.		Leitura da Legislação (lei nº 8.666/93)
Média	8. c. Sistema Nacional do Meio Ambiente (SISNAMA). Política Nacional do Meio Ambiente. Princípios e objetivos.		Possibilidade de incidência em razão de ter sido cobrada algumas questões quanto a proteção de espaços territoriais, sugiro a leitura de legislação (Lei 6.938/81) + jurisprudência do STJ.
Baixa	9. a. Vinculação e discricionariedade. Atos administrativos vinculados e discricionários. O mérito do ato administrativo.		Leitura de Doutrina
Baixa	9. b. Execução do contrato administrativo. Alteração unilateral. Teoria do fato do príncipe. Teoria da imprevisão. Caso fortuito e força maior. Equilíbrio econômico-financeiro		Leitura de Doutrina
Média	9. c. Ordenamento urbano. Estatuto das Cidades. Cidades sustentáveis.	28 (39)	leitura de legislação (Lei 10.257/2001)

Relevância	PONTO DO EDITAL	CPR que exigiu o ponto e o nº da questão	OBSERVAÇÕES
Média	10. a. Controle interno e externo da Administração Pública. Ombudsman. Procurador Federal dos Direitos do Cidadão.	25 (14) - PFDC 26 (32) – controle interno 29 (35)	- Controle interno: Doutrina + legislação (Art. 5º, XXXV , 49, 71, 74 da CF/88) - PFDC: Doutrina + art. 11 a 16, da Lei Complementar n.º 75/93;.
Baixa	10. b. Extinção do contrato administrativo. Adimplemento e inadimplemento.		Leitura de Doutrina + Legislação (lei nº 8.666/93)
Alta	10. c. Espaços territoriais especialmente protegidos. Sistema Nacional de Unidades de Conservação da Natureza (SNUC).	25(16) (17) 26 (36) (40) 27 (38) 29 (36) (37)	Matéria vem sendo cobrada constantemente deve ser aprofundado este ponto nos estudo: Doutrina + Jurisprudência + legislação (lei nº 9.985/2000).
Média	11. a. Controle jurisdicional da Administração Pública. Sistemas. A teoria da reserva do possível.	29 (31) (33)	Leitura de Doutrina + entendimentos do STF quanto a teoria da reserva do possível.
Média	11. b. Convênios e consórcios administrativos. Contratos de gestão. Prestação de contas e tomada de contas especial.		Item incluído no edital, logo há risco do examinador cobrar futuramente. Leitura de Doutrina + Legislação (lei nº 11.107/2005).
Alta	11. c Proteção jurídica do patrimônio cultural brasileiro. Instrumentos: tombamento, inventários, registros e outras formas de acautelamento e preservação.	25(18) 27(39)	Leitura de Doutrina e Legislação (Art. 216 e seg CF/88l; Decreto-lei 25/1937; Decreto-lei 3.365/1941; Decreto 3.551/2000)

Relevância	PONTO DO EDITAL	CPR que exigiu o ponto e o nº da questão	OBSERVAÇÕES
Baixa	12. a. Estatuto do Ministério Público Federal.		Leitura da Legislação (LC n 75/93)
Média	12. b. Hierarquia. Delegação e avocação de competências. Regime diferenciado de contratação (RDC).		RDC foi colocado neste item neste edital logo, recomendo a Leitura de Doutrina e Legislação (lei nº 12.462/2011).
Alta	12. c. Povos e comunidades tradicionais. Acesso ao território e garantias territoriais. Diversidade biológica e patrimônio genético. Proteção e acesso ao conhecimento tradicional associado.	28(35) 29 (38)	Importante leitura de Doutrina em especial do Decreto nº 4.887, de 20 de novembro de 2003 e da Convenção 169 da OIT.
Baixa	13. a. Princípios da Administração Pública. Poder regulamentar. Espécies de regulamento. Controle sobre a atividade regulamentar	27 (31)	Leitura de Doutrina
Baixa	13. b. Utilização dos bens públicos: autorização, permissão e concessão de uso; concessão de direito real de uso; concessão de uso especial para fins de moradia; aforamento de bens; cessão de uso.	26 (33)	Leitura de Doutrina
Baixa	13. c. Recursos hídricos. Política Nacional de Recursos Hídricos. Instrumentos de gestão de recursos hídricos. Regime jurídico das águas. Águas subterrâneas.	28 (38)	Leitura da Legislação (lei nº 9.433/97)

Relevância	PONTO DO EDITAL	CPR que exigiu o ponto e o nº da questão	OBSERVAÇÕES
Média	14. a. Agências executivas e agências reguladoras. Ordens e conselhos profissionais. Serviços sociais autônomos. Fundações de apoio.	29 (32)	Leitura de Doutrina + legislação (lei nº 9.986/2000). Verificar a competência das principais agências reguladoras (ANAC, ANVISA, ANATEL, ANEEL, ANA...)
Baixa	14. b. Serviço público. Conceito. Princípios. Classificação. Regime jurídico. Remuneração. Direitos e deveres dos usuários		Leitura da Legislação (lei nº 8.987/95).
Média	14. c. Política Nacional de Biossegurança: pressupostos doutrinários; regime jurídico; instrumentos. Biossegurança, prevenção, precaução e informação.	28 (36)	Leitura de Doutrina e Legislação (lei nº 11.105/05).
Alta	15. a. Responsabilidade patrimonial do Estado: evolução histórica e fundamentos jurídicos. Teorias da culpa administrativa, do serviço e do risco. Responsabilidade por ação e por omissão. Dano indenizável. Causas excludentes. Direito de regresso.		Leitura de doutrina e Jurisprudência em especial do Superior Tribunal de Justiça
Baixa	15. b. Responsabilidade fiscal.		Leitura da Legislação Lei complementar nº 101/2000.
Alta	15. c. Licenciamento ambiental. Avaliação de impactos ambientais. Estudos ambientais. Audiências públicas.	26(37)	Leitura de Doutrina, Jurisprudência do STJ + Lei (lei nº 140/11 e Res. Conama nº 237/97).

Relevância	PONTO DO EDITAL	CPR que exigiu o ponto e o nº da questão	OBSERVAÇÕES
Alta	16. a. Setor público não--estatal. Organizações sociais. Organizações da sociedade civil de interesse público.	26 (34) 27 (35)	Leitura de Doutrina e da Legislação (lei nº 9.790/99 e Lei nº 9.637/98).
Alta	16. b Proteção da probidade administrativa. Instrumentos de atuação. As sanções na Lei nº 8.429/1992. Prescrição	25- (12) 27- (34) 28 - (31)	Estudo doutrinário, junto jurisprudência e leitura da Lei nº 8.429/1992.
Alta	16. c. O dano ambiental e sua reparação: responsabilidade civil.	26 (39)	Estudo da Doutrina e da Jurisprudência do STJ quanto ao tema.
Baixa	17. a. Fatos da Administração Pública: atos da Administração Pública e fatos administrativos. Elementos e atributos do ato administrativo.		Leitura de Doutrina
Baixa	17. b. Poder de polícia administrativa. Poder de polícia e direitos fundamentais.		Leitura de Doutrina
Baixa	17. c. Zoneamento ambiental. Natureza jurídica. Princípios. Características.		Leitura de Doutrina
Alta	18. a. Agentes públicos, políticos e de fato. Cargo, emprego e função pública. Agentes políticos. Garantias. Estabilidade e vitaliciedade. Cargo em comissão e função de confiança. Aposentadoria do servidor público.	25 (15) 26 (35) 27 (32)	Leitura de Doutrina e entendimento dos tribunais superiores em especial quanto a aplicação de lei de improbidade em agentes políticos.

Relevância	PONTO DO EDITAL	CPR que exigiu o ponto e o nº da questão	OBSERVAÇÕES
Baixa	18. b. Parcerias público-privadas.		Leitura da Lei nº 11.079/04
Média	18. c. Política Nacional de Resíduos Sólidos. Objetivos e princípios. Planos de resíduos sólidos. Responsabilidade civil e resíduos sólidos. Responsabilidade compartilhada. Licenciamento ambiental e resíduos sólidos.	29 (40)	Estudo de doutrina e da Lei nº 12.305/10 (definições, princípios, instrumentos, Responsabilidades e proibições)
Alta	19. a. Concessão de serviço público. Natureza jurídica e conceito. Regime financeiro. Extinção da concessão de serviço público. Reversão dos bens. Permissão e autorização.	25 (13) 27(33)	Estudo doutrinário e Leitura da Lei nº 8.987/95.
Média	19. b. Regime jurídico do concurso público e seu controle administrativo e judicial.		Ponto novo do edital, pode ser cobrado, hoje ainda não há uma lei especifica que trate de concurso, mas o STJ tem se manifestado quanto a matéria.
Baixa	19. c. Gestão de florestas públicas. Uso e exploração. Concessão florestal.		Lei nº 11.284/06 (princípios, definições, objeto, licenciamento, prazo, preço e fiscalização)
Baixa	20. a. Direitos, deveres e responsabilidades do servidor público. Regime disciplinar e processo administrativo disciplinar.		Lei nº 8.112/90.

Relevância	PONTO DO EDITAL	CPR que exigiu o ponto e o nº da questão	OBSERVAÇÕES
Média	20. b. A Administração Pública sob os aspectos orgânico, formal e material. Administração Pública e governo. Responsabilidade do Estado por atos legislativos e judiciais.		Este ponto deve o candidato dar maior atenção na doutrina e principalmente na jurisprudência do STJ sobre responsabilidade administrativa.
Baixa	20. c. Proteção jurídica do meio ambiente e a exploração mineral. Mineração e impactos ambientais. Licenciamento. Deveres ambientais relativos à exploração mineral.		Código de Mineração (Decreto-Lei nº 227/67); Lei nº 7.805/89. Lei nº 8.876/94 (Lei do DNPM).
Baixa	21. a. Bens públicos. Classificação. Natureza jurídica do domínio público.		Estudo Doutrinário.
Baixa	21. b. Validade, vigência e eficácia do ato administrativo. Autoexecutoriedade do ato administrativo.		Estudo Doutrinário.
Baixa	21. c. Poder de polícia ambiental. Competências.		Estudo Doutrinário.
Baixa	22. a. Provimento e vacância dos cargos públicos.		Estudo Doutrinário.
Baixa	22. b. A ética na Administração Pública. Dever de transparência e de informação.		Estudo Doutrinário e Leitura da Lei nº 12.527/11.
Média	22. c. Desenvolvimento sustentável. Normas internacionais em matéria ambiental. Aquecimento global.		Estudo Doutrinário. Declaração de Estocolmo de 1972. Declaração do Rio de 1992. Protocolo de Quito. Acordo de Paris

Relevância	PONTO DO EDITAL	CPR que exigiu o ponto e o nº da questão	OBSERVAÇÕES
Baixa	23. a. Domínio público terrestre. Evolução do regime jurídico das terras públicas no Brasil. Faixa de fronteira. Vias públicas. Domínio público do subsolo.		Estudo Doutrinário.
Baixa	23. b. Processo e procedimento administrativo. A instância administrativa. Representação e reclamação administrativas. Pedido de reconsideração e recurso hierárquico próprio e impróprio. Prescrição administrativa.		Leitura da Lei nº 9.784/99
Alta	23. c. Instrumentos processuais para a tutela do meio ambiente.	27 (37) 28 (40)	Leitura de Doutrina. Legislação: art. 225, da CF/88; Lei nº 9.605/98; Lei nº 7.347/85

3. ETAPAS SEGUINTES À OBJETIVA (DISCURSIVA E ORAL) EM RELAÇÃO A ESSA MATÉRIA?

Na fase discursiva cada grupo tem uma peça ou parecer que valem 40 pontos e mais seis questões que valem 10 pontos cada, assim via de regra haverá uma questão para administrativo e outra para ambiental nem sempre acontece, podendo ser cobrada duas de administrativo ou duas de ambiental como já ocorreu no passado.

Ademais, muitas vezes conhecimentos dessas matérias podem vir a ser abordas nas peças e parecer tendo em vista o caráter multidisciplinar da atuação do procurador da República.

Logo, é possível que na peça se cobre um recurso ou ação civil pública onde seja cobrado conhecimento de proteção ambiental, proteção do patrimônio cultural, responsabilidade administrativa ou de improbidade administrativa.

Uma característica da prova do MPF é o número limitado de linhas para responder em regra de 60 a 80 linhas para peça/parecer/dissertação e de 20 a 30 para cada questão, desta forma o candidato deve colocar o maior número de informação possível em poucas linhas, sugiro para isto que se procure fazer definições de três a quatro linhas para os principiais item do edital, dessa forma irá facilitar em conseguir em poucas linhas colocar os argumentos cobrados nas questões.

Uma dica é acompanhar ações realizadas pela PGR junto aos tribunais superiores, bem como pareceres elaborados pelo PGR em ações de controle concentrado e difuso.

Acompanhar artigos de membros da banca também vão lhe auxiliar em seus argumentos na hora de elaborar uma peça, parecer ou dissertação.

Não acredite que porque uma matéria foi cobrada na objetiva, vai ser esquecida nas fases seguintes, uma matéria que é considerada de média/alta incidência deve ser revisada sempre, sendo que a tabela do tópico anterior pode continuar sendo ser usada como base na hora de selecionar os tópicos a serem estudados.

Nesta fase, você verá a importância de ter bons resumos atualizados, pois o que você conseguir colocar em poucas linhas no seu caderno de estudo servirá muito na hora de revisar matérias inteiras para a fase discursiva.

Já na fase oral não se deve tentar prever uma preferência do examinador, pois como é sorteio de pontos, qualquer ponto tem 1/23 de chance de ser sorteado nessa fase, inclusive uma daquelas matérias que dificilmente é cobrada na fase objetiva ou discursiva.

Logo, na preparação para prova oral, o quase Procurador da República, deve obrigatoriamente estudar todo o conteúdo do edital, aqui vai ser de suma importância os resumos, que permitiram passar pelos diversos pontos do edital no curto espaço de tempo que se tem para estudar entre a fase discursiva e a fase oral.

A boa notícia é como em média cada examinador lhe argui por aproximadamente 20 minutos, assim, não é exigido um conhecimento tão aprofundado quanto na fase discursiva, então a melhor tática é saber uma definição e explicação de cinco minutos de cada ponto, isso lhe permitirá saber alguma coisa de tudo, lhe permitindo fazer uma boa prova oral.

Nessa fase a melhor preparação é praticar com outros candidatos perguntas e respostas, visto que esse simulado lhe permitirá trazer mais tranquilidade no dia da prova e ajudar a organizar as ideias quando o examinador fizer alguma pergunta ou indagação.

Felizmente, existem diversos cursinhos hoje que fazem a preparação para a prova oral, o qual aconselho a fazer, pelo menos, um e o máximo que for possível para cada um, pois é um investimento que vale a pena e traz retorno.

Espero que esta minha experiência possa ajudá-los neste concurso que não é fácil, mas com foco, dedicação e persistência é possível alcançar a aprovação.

Capítulo 6

GRUPO II – DIREITO TRIBUTÁRIO E DIREITO FINANCEIRO

Alan Rogério Mansur Silva

1. ANÁLISE DA BANCA EXAMINADORA E BIBLIOGRAFIA INDICADA

As disciplinas Direito Tributário e Financeiro são entendidas como importantes para "cumprir tabela" para alguns candidatos, em razão da menor quantidade de questões e pelo fato de que não são tão utilizadas na prática de um Procurador da República. Assim, como são menos exigidas, podem não parecer tão importantes.

Porém, vale ressaltar que as disciplinas, juntas, representam um terço do grupo em que se encontram, o Grupo II. Logo, se o candidato tiver um desempenho catastrófico nestas, dificilmente conseguirá compensar com as outras do grupo. É importante garantir algumas questões de Direito Tributário e Financeiro.

As disciplinas vêm tradicionalmente tendo um mesmo examinador, que é o Ministro aposentado do STJ, José Arnaldo da Fonseca. Como o Ministro já vinha compondo a banca há vários concursos, já era esperada a tendência das provas. No entanto, no 28º CPR, José Arnaldo da Fonseca participou da banca nas provas objetiva e subjetiva, mas não esteve presente nas provas orais. Foi substituído pelo Ministro do STJ Mauro Luiz Campbell Marques. Em agosto de 2017, faleceu o Ministro José Arnaldo da

Fonseca, responsável por ser examinador de centenas de candidatos a Procurador da República nos últimos anos.

Na comissão de concursos do 29º CPR, o Ministro Mauro Campbell representou a classe de jurista. Ministro Mauro Campbell não participou das provas orais por problemas de saúde na família, sendo substituído pelo também Ministro do STJ, Luiz Alberto Gurgel de Faria.

Mauro Campbell Marques atua na 2ª Turma do STJ, que é de direito público. Dentre as matérias da 2ª Turma, estão Direito Tributário e Financeiro.

Assim, não se sabe se no próximo certame o Ministro Mauro Campbell continuará na banca examinadora. De qualquer forma, acredito que a baliza que temos para o estudo são as provas anteriores, e isso pode ser observado e bem estudado para sentir como poderão ser cobradas as disciplinas.

O estudo do Direito Tributário e Financeiro para o MPF tem uma abordagem própria.

No Edital, as duas matérias estão em conjunto e também são apresentadas nos concursos de forma conjunta, em 10 questões objetivas. Há uma maior quantidade de questões que aborda a disciplina Direito Tributário, cerca de 7 ou 8 em cada certame, sendo o restante para o Direito Financeiro.

Em relação aos pontos exigidos, há itens que são presença obrigatória em cada certame, como ICMS, Imposto de Renda, atribuições dos Tribunais de Contas, imunidades tributárias e crédito tributário. É quase certo que tais questões também sejam exigidas no próximo certame. Além disso, os estudos dos princípios do direito tributário e financeiro também perpassam diversas questões do concurso. Mesmo em algumas não sendo o tópico principal, o estudo dos princípios tributários é fundamental.

Apresento algumas sugestões de livro para a disciplina:

Direito Tributário: "Direito Tributário na Constituição e no STF", de Vicente Paulo e Marcelo Alexandrino e "Direito Tributário Esquematizado", de Ricardo Alexandre;

Direito Financeiro: "Manual de Direito Financeiro", de Harrison Leite.

Acredito que estas são as leituras fundamentais.

Além disso, leitura também obrigatória de Jurisprudência atualizada do STF e STJ, através de seus informativos. Súmulas do STF e STJ são exigidas em várias questões.

O estudo da letra da lei também é decisivo. Sabe-se que o concurso do MPF não prioriza a letra da lei, mas em alguns itens de questões são exigidos pontos retirados diretamente das leis tributárias e também da Constituição Federal, do título constitucional "A tributação e o orçamento".

Há os sites específicos que muito pode colaborar com a preparação dos candidatos, como o Dizer o Direito (http://www.dizerodireito.com.br/), que acompanha os informativos do STJ e do STF, traz as novidades legislativas e julgados relevantes, tudo com explanações muito didáticas.

Diferente de outras disciplinas, sobre Direito Tributário e Financeiro o MPF não tem qualquer Câmara de Coordenação e Revisão para tratar do assunto. Assim, não há normativos internos para orientar os candidatos.

2. ANÁLISE DAS PROVAS OBJETIVAS

Uma das partes prioritárias em qualquer preparação é a análise das provas anteriores.

Este livro sobre o mapeamento do concurso de Procurador da República traz informações para os candidatos dos principais pontos exigidos nas provas anteriores, com um panorama e análise das questões. Todas estas análises são importantes, para saber quais as questões caem, de que forma são exigidas. Enfim, informações que subsidiam o candidato para se preparar para a próxima prova.

Além disso, é também muito importante que o candidato faça as provas anteriores, em casa, como parte da preparação para o concurso. No momento em que o candidato para, fica concentrado e resolve as provas, percebe o quanto pode ser surpreendido ou não pela questão, como deve interpretar um enunciado etc. Resolver questões de provas anteriores é uma ótima forma de testar, para não se deixar ser surpreendido no momento da prova.

Assim, eu costumava resolver as questões sozinho, em casa. Ademais, levava as questões para ser resolvidas no meu grupo de estudos. Desta forma, pudemos conversar melhor e debater cada uma das alternativas, bem como o porquê de cada alternativa estar correta ou incorreta.

MUITO IMPORTANTE

PONTO DO EDITAL	CPR que exigiu o ponto e o nº da questão	OBSERVAÇÕES
Ponto 8-B Fiscalização e controle da execução orçamentária e financeira. O Tribunal de Contas no Brasil e suas atribuições.	26º CPR (Questão 46), 27º CPR (Questão 48), 28º CPR (Questões 46 e 48)	A abordagem sobre as atribuições dos Tribunais de Contas é um dos pontos mais solicitados, bem como os mecanismos de controle, quais entes e em quais condições são submetidos. Existência ou não de simetria de atribuições do TCU e TCEs.
Ponto 8-C Crédito tributário: constituição (lançamento, modalidades de lançamento, declaração e confissão de débitos tributários).	25º CPR (Questão 29), 26º CPR (Questão 50), 28º CPR (Questão 50), 29º CPR (Questão 49)	Toda a análise sobre o crédito, em especial sobre o lançamento. Em relação ao lançamento, quais as modalidades de lançamento de cada tributo.
Ponto 9-A Imunidade tributária recíproca: autarquias e empresas públicas.	25º CPR (Questão 25), 27º CPR (Questão 42), 28º CPR (Questão 44)	As imunidades são temas exigidos em todas as provas, tanto estas quanto a imunidade tributária recíproca, do item 8.a.
Ponto 13-C Impostos dos municípios.	26º CPR (Questão 42), 28º CPR (Questões 44 e 48)	
Ponto 15-C Imposto sobre operações relativas à circulação de mercadorias e prestação de serviços.	25º CPR (Questão 28), 26º CPR (Questão 47), 27º CPR (Questões 43 e 46), 28º CPR (Questões 43 e 44)	Questão praticamente certa em todas as provas de direito tributário. A abordagem do ICMS e todos os seus princípios, incidências, substituições, análise da base de cálculo. Ver a jurisprudência do STJ e súmulas sobre o tema.

PONTO DO EDITAL	CPR que exigiu o ponto e o nº da questão	OBSERVAÇÕES
Ponto 16-C Imposto sobre renda e proventos de qualquer natureza.	25º CPR (Questão 28), 28º CPR (Questão 41), 28º CPR (Questão 48), 29º CPR (Questão 46)	O Imposto de Renda, tributo federal, é também exigência bastante comum. Focar nas hipóteses de incidência. Analisar bem a jurisprudência do STJ acerca do assunto.

RELEVANTE

PONTO DO EDITAL	CPR que exigiu o ponto e o nº da questão	OBSERVAÇÕES
Ponto 2-C Sujeito ativo e sujeito passivo da obrigação tributária. Solidariedade. Capacidade tributária ativa. Domicílio tributário.	27º CPR (Questão 47), 28º CPR (Questão 50)	
Ponto 4-A Princípio da legalidade.	25º CPR (Questão 24)	
Ponto 5-C Contribuições sociais gerais e de seguridade social.	25º CPR (Questão 27), 28º CPR (Questão 48)	A CSLL – Contribuição Social sobre o Lucro Líquido em destaque. Analisar a base de cálculo. Princípios tributários a que se submetem.
Ponto 6-C Contribuição de melhoria e de iluminação pública. Taxa. Preço público. Pedágio.	27º CPR (Questão 44), 28º CPR (Questão 44)	
Ponto 8-A Imunidade tributária recíproca.	25º CPR (Questão 25), 28º CPR (Questão 45)	As imunidades são pontos sempre exigidos nas provas, tanto esta quanto a do item 9.a (imunidade tributária recíproca: autarquias e empresas públicas).
Ponto 17-C Imposto sobre produtos industrializados.	25º CPR (Questão 28), 26º CPR (Questão 49), 29º CPR (Questão 48)	Princípios a que se submete o IPI.

PONTO DO EDITAL	CPR que exigiu o ponto e o nº da questão	OBSERVAÇÕES
Ponto 18-C Imposto sobre propriedade territorial rural.	26º CPR (Questão 43), 28º CPR (Questão 48)	Verificar a casuística do Imposto na jurisprudência. Análise da base de cálculo.
Ponto 20-B Lei de responsabilidade fiscal: aplicação (LC nº 101/2000).	25º CPR (Questão 26), 27º CPR (Questão 49)	A Lei de Responsabilidade Fiscal é matéria bastante cobrada, verificar bem a letra da lei.
Ponto 20-C Tributos incidentes na importação e na exportação.	26º CPR (Questão 49), 27º CPR (Questão 41)	Imposto de importação e de exportação, analisar bem a jurisprudência acerca do assunto.

RESIDUAL

PONTO DO EDITAL	CPR que exigiu o ponto e o nº da questão	OBSERVAÇÕES
Ponto 1-A O Estado e o poder de tributar. Espécies tributárias.	27º CPR (Questão 45)	
Ponto 2-A Competência tributária. Tributos da União, dos Estados, do Distrito Federal e dos Municípios. Conflitos de competência tributária.	26º CPR (Questão 41)	
Ponto 2-B Fato gerador: definição, hipótese de incidência e critérios material, temporal, espacial, pessoal e quantitativo.	28º CPR (Questão 50)	

PONTO DO EDITAL	CPR que exigiu o ponto e o nº da questão	OBSERVAÇÕES
Ponto 3-A Receitas públicas: conceito e classificação.	26º CPR (Questão 48), 29º CPR (Questão 45)	
Ponto 4-B Responsabilidade tributária: responsabilidade por dívida própria e por dívida de outrem, solidariedade e sucessão. Responsabilidade pessoal e de terceiros. Responsabilidade supletiva. Substituição tributária "para trás" e "para frente". Retenção na fonte. Responsabilidade por infrações.	26º CPR (Questão 42), 29º CPR (Questão 44)	
Ponto 5-A Princípio da anterioridade.	27º CPR (Questão 41)	
Ponto 5-B Despesas públicas: conceito e espécies.	28º CPR (Questão 47)	
Ponto 6-A Princípios da igualdade, da uniformidade e da capacidade contributiva.	27º CPR (Questão 41)	
Ponto 10-C Matéria tributária em juízo: medida cautelar fiscal, execução fiscal, ação declaratória de inexistência de relação jurídico-tributária, ação anulatória de débito fiscal, mandado de segurança, ação de repetição de indébito.	25º CPR (Questão 45), 29º CPR (Questão 43)	

PONTO DO EDITAL	CPR que exigiu o ponto e o nº da questão	OBSERVAÇÕES
Ponto 12-C Fundos. Instituição e funcionamento. Controle.	28º CPR (Questão 47)	
Ponto 13-A Repartição da receita tributária.	28º CPR (Questão 47)	
Ponto 14-C Imposto sobre transmissão *causa mortis* e doação.	28º CPR (Questão 42)	
Ponto 15-A **Fato gerador. Planejamento tributário abusivo. Elisão e evasão fiscal. Erosão de bases tributárias. Sonegação. Fraude. Conluio. Propósito negocial. Dissimulação. Paraísos fiscais. Omissão de receitas. Interpretação econômica do Direito Tributário.**	29º CPR (Questão 50)	
Ponto 16-A **Princípio da não-cumulatividade e tributos brasileiros não-cumulativos**	29º CPR (Questão 41)	
Ponto 16-B Exclusão do crédito tributário: isenção e anistia. Programa de Recuperação Fiscal (REFIS). Parcelamento ordinário. Parcelamento Especial (PAES). Lei nº 11.941/2009, e alterações.	25º CPR (Questão 30)	

PONTO DO EDITAL	CPR que exigiu o ponto e o nº da questão	OBSERVAÇÕES
Ponto 17-A Limitações ao poder de tributar decorrente do federalismo.	28º CPR (Questão 43)	
Ponto 17-B **Garantias e privilégios do crédito tributário.**	29º CPR (Questão 42)	
Ponto 18-A Norma tributária: interpretação e integração. Tratados e convenções internacionais e legislação interna.	26º CPR (Questão 47)	
Ponto 20-A	29º CPR (Questão 47)	

Além dos temas acima, destaco os pontos novos do conteúdo programático do 29º CPR:

a) **2.b - Fato gerador: definição, hipótese de incidência e critérios material, temporal, espacial, pessoal e quantitativo.** O ponto do edital anterior abordava somente o termo "fato gerador", sem especificar os detalhes. Assim, o edital do 29º CPR veio esclarecer melhor quais os subtópicos exigidos sobre o fato gerador tributário;

b) **2.c - Sujeito ativo e sujeito passivo da obrigação tributária. Solidariedade.**

Capacidade tributária ativa. Domicílio tributário. O ponto trouxe a parte "Solidariedade. Capacidade tributária ativa. Domicílio tributário", acrescentando de forma mais específica ao conteúdo programático. Portanto, torna-se ainda mais possível de ser exigido no próximo concurso;

c) **4.b - Responsabilidade tributária: responsabilidade por dívida própria e por dívida de outrem, solidariedade e sucessão. Responsabilidade pessoal e de terceiros. Responsabilidade supletiva. Substituição tributária "para trás" e "para frente". Retenção na fonte. Responsabilidade por infrações.** O ponto até o

28º CPR só apontava a "Responsabilidade tributária" como matéria exigida, sem detalhar. Apesar destes outros pontos já serem, em alguma medida, exigidos nas provas anteriores, certamente com este detalhamento ficará mais claro que tais questões podem ser cobradas nos concursos;

d) **7.c – Contribuições previdenciárias: contribuintes, fato gerador, salário de contribuição, alíquotas, responsabilidade pelo recolhimento, prescrição, decadência, isenção, compensação e restituição; disposições gerais da Lei nº 8.212/1991**. Todo este ponto foi adicionado ao conteúdo programático, o que ressalta a importância e a demonstração que o conteúdo para o concurso também abrangerá as contribuições previdenciárias. Vale ressaltar que o tema previdenciário é bastante analisado pelos Procuradores da República, que atuam tanto em relação a benefícios, quanto em relação às contribuições previdenciárias como *custus legis* e também na análise em mandados de segurança sobre as contribuições previdenciárias. Portanto, apesar de não termos o Direito Previdenciário no conteúdo do concurso, analisamos pelo viés tributário as contribuições previdenciárias e seus detalhamentos;

e) **9.c – Administração tributária: fiscalização, oposição de sigilos ao fisco, sigilo fiscal x direito à privacidade e publicidade. Certidões e cadastro. Lei Complementar nº 105/2001. A organização da Receita Federal.** Com exceção da parte "A organização da Receita Federal", todo o restante deste item foi acrescentado no conteúdo programático. Logo, toda a discussão acerca da administração tributária, fiscalização e oposição de sigilos ao fisco, são também objetos deste ponto, bem como os detalhes da Lei Complementar nº 105/2001. Tal ponto pode ser abordado pelo viés da decisão do plenário do STF no Recurso Extraordinário nº 601.314, que questiona dispositivos da Lei Complementar (LC) 105/2001, os quais permitem à Receita Federal receber dados bancários de contribuintes fornecidos diretamente pelos bancos, sem prévia autorização judicial. No caso, o STF entendeu que "prevaleceu o entendimento de que a norma não resulta em quebra de sigilo bancário, mas sim em transferência de sigilo da órbita bancária para a fiscal, ambas protegidas contra o acesso de terceiros. A transferência de informações é feita dos bancos ao Fisco, que tem o dever de preservar o sigilo dos dados, portanto não há ofensa à Constituição Federal";

f) **10.b – Suspensão do crédito tributário: modalidades. Programa de Recuperação Fiscal (REFIS). Parcelamento ordinário. Parcelamento Especial (PAES). Lei nº 11.941/2009, e alterações.** Só o tópico "Suspensão do crédito tributário" aparecia no Edital do 28º CPR, os demais são novidades, incluídas no conteúdo do 29º CPR. Este ponto também está presente no item 11.b, na parte de extinção do crédito tributário. De maneira que as temáticas referentes ao REFIS e ao PAES podem ser cobradas no concurso atual. Assim, a discussão acerca do parcelamento administrativo do débito e todas suas consequências é um tópico com boas possibilidades de ser exigida na prova. Vale ressaltar que o STF tem julgado pela repercussão geral em matéria de REFIS, no RE 669196/DF, j. 22/08/2013. Já no STJ, há também matérias pacificadas sobre o tema, já que "entende que a opção do contribuinte pelo parcelamento do débito tributário por meio da inscrição no Programa de Recuperação Fiscal - REFIS, condicionada à renúncia ao direito sobre o qual se funda a ação e à desistência dos recursos interpostos, não desobriga o contribuinte do pagamento da verba honorária" (AgInt no AREsp 852103 / SP, j. 23/08/2016), "afastou a necessidade de notificação pessoal do contribuinte para a exclusão do Refis, na oportunidade, firmou-se entendimento de ser possível a notificação do contribuinte do ato de exclusão do REFIS pelo Diário Oficial ou pela Internet, nos termos da Lei 9.964/00" (REsp 1589550 / DF, j. 01/06/2016);

g) **10.c – Matéria tributária em juízo: medida cautelar fiscal, execução fiscal, ação declaratória de inexistência de relação jurídico-tributária, ação anulatória de débito fiscal, mandado de segurança, ação de repetição de indébito.** Sobre o tópico, vale ressaltar que os assuntos "medida cautelar fiscal", "ação declaratória de inexistência de relação jurídico-tributária" e "ação de repetição de indébito" são os pontos novos do edital. Sobre a "repetição de indébito", também há previsão constante no item 12.b;

h) **14.b – Direito Tributário: conceito, fontes, relações entre o Direito Tributário e o Direito Privado.** A parte "conceito" e "relações entre o Direito Tributário e o Direito Privado" são as novidades do presente ponto;

i) **18. a/b - Tratados e convenções internacionais e legislação interna. Tributação internacional. Acordos para evitar a dupla tributação.** Estas partes do conteúdo programático foram novidade para o Direito Tributário do 29º CPR. Verifica-se que, bem como as demais disciplinas, o Direito Tributário também trouxe pontos da perspectiva internacional para a matéria. Desta forma, podem ser abordados temas como o papel, a estrutura e o funcionamento de organismos e instituições que influenciam a tributação e regulação de transações internacionais, como: MERCOSUL, OCDE, União Europeia, ONU, OMC etc.;

j) **19.c - Imposto sobre operações financeiras. Repatriação de ativos.** A parte "repatriação de ativos" foi a novidade do presente tópico. Este tópico é importante e se baseia na Lei nº 13.254/2016, que dispõe sobre o Regime Especial de Regularização Cambial e Tributária (RERCT) de recursos, bens ou direitos de origem lícita, não declarados ou declarados incorretamente, remetidos, mantidos no exterior ou repatriados por residentes ou domiciliados no País. A Lei trouxe uma oportunidade para que as pessoas que remeteram ou mantiveram recursos, bens ou direitos no exterior (de origem lícita) e não fizeram a devida declaração ou a realizaram com declaração incorreta/omissa, possam agora resolver a situação. Para isso, é necessário que declarem os recursos, bens ou direitos omitidos e paguem o imposto de renda e as devidas multas sobre os valores. A Lei dispõe que a parte seria dispensada dos demais tributos e multas que seriam devidos. Ademais, teriam reconhecida a extinção da punibilidade dos eventuais crimes que praticaram.

3. PROVAS DISCURSIVAS E ORAIS

Vale ressaltar que nas provas subjetivas foram exigidos:

a) 25º CPR: taxa/preço público e receita pública, Locação de serviços e locação de bens móveis e análise do tributo presente em caso concreto;

b) 26º CPR: Imposto de Renda e hipótese de incidência, lançamento e decadência de crédito tributário, o Tribunal de Contas no Brasil e suas atribuições;

c) 27º CPR: incidência ou não de imposto sobre operação financeira, princípio da responsabilidade na gestão fiscal, crédito orçamentário e dívida pública;
d) 28º CPR: questionamento acerca de hipótese de incidência de imposto de renda sobre pessoa física e o que seriam as normas gerais de direito financeiro. Na fase subjetiva, por outro lado, o que conta é a demonstração do conhecimento por escrito, trazendo respostas muito bem fundamentadas, que preencham todos os itens questionados, sempre da forma mais clara possível;
e) 29º CPR: repartição da receita tributária, competência e imunidade tributária. Tributos da União, dos Estados, do Distrito Federal e dos Municípios.

Na fase oral, as corretas expressões e concatenação de ideias, para esclarecer ao examinador o que foi perguntado, valem pontos cruciais.

Nestas fases, importante que o candidato possa aplicar na prova seu conhecimento acumulado, empregando as expressões da doutrina e jurisprudência de forma correta. Eu costumava anotar expressões e conceitos bem pertinentes sobre cada tema importante, para que pudesse utilizá-los corretamente nas provas. Tal ponto auxilia o candidato a demonstrar conhecimento pertinente ao assunto (claro que, desde que utilizado da forma correta e oportuna).

Se puder fazer referência a livros específicos e decisões específicas de STF ou STJ, e ministros respectivos, melhor ainda. Mas, para isso, importante ter conhecimento suficiente. É muito arriscado citar decisões inexistentes ou com erros. Caso contrário, vale a citação.

Como último aconselhamento, diria que em temas mais importantes para a matéria, vale ler as decisões do STF ou STJ na íntegra, analisando a fundamentação exposta e o voto vencedor.

Capítulo 7

GRUPO II – DIREITO INTERNACIONAL PÚBLICO E DIREITO INTERNACIONAL PRIVADO

André Estima de Souza Leite

1. BIBLIOGRAFIA INDICADA

Considerando a última composição da Comissão do 29º Concurso para Provimento de Cargos de Procurador da República (CPR), incluindo a recondução da Doutora Denise Neves Abade, procuradora regional da República, já conhecida dos candidatos que chegaram à prova oral do 27º CPR e dos candidatos que prestaram o 28º CPR e o 29º CPR, é de presumir-se que ela permanecerá na Banca do próximo certame e ficará encarregada das disciplinas que comentaremos neste capítulo: Direito Internacional Público e Direito Internacional Privado.

Diante disso, a tendência é muito forte de que ela mantenha a linha das provas do 28º CPR e do 29º CPR, com a formulação de questões de cunho predominantemente prático, com enunciados sobre temas e problemas mais próximos da realidade profissional do Ministério Público Federal, com destaque para questões sobre cooperação jurídica internacional em matéria penal, assunto central do certame para procurador da República desde a estreia das disciplinas de Direito Internacional no 25º CPR.

Percebe-se nitidamente em todas as provas já realizadas até hoje que as questões sobre Direito Internacional Público ocupam praticamente todos os enunciados, sendo reservado um espaço diminuto ao Direito Internacional Privado. Por motivos óbvios, aquela disciplina é muito mais relevante do que esta no dia a dia dos procuradores da República, e isso naturalmente se refletiu na preferência dos dois examinadores que passaram, até hoje, pela respectiva cátedra – ambos membros do Ministério Público Federal – na hora de elaborar as questões. Por essa razão, o tempo de estudo do candidato deve distribuir-se proporcionalmente, dedicando-se consideravelmente mais energia ao estudo do Direito Internacional Público. Entre os temas dessa disciplina, deve-se conferir atenção especial ao instituto da cooperação jurídica internacional em matéria penal.

A partir dessas premissas, podemos tratar da estratégia de estudos para essas disciplinas, incluindo sugestões de planejamento e de bibliografia.

Primeiramente, quanto ao livro da provável examinadora, a Doutora Denise Neves Abades, intitulado *Direitos Fundamentais na Cooperação Jurídica Internacional*, da Editora Saraiva, por sua abordagem propositadamente monográfica, como o próprio nome explicita, não abrange muitos dos itens do programa do concurso, de modo que sua leitura poderia não resultar em muitos pontos para o candidato na prova objetiva, sendo mais recomendável para as fases de provas escritas e para a arguição oral. Ou seja, não se trata de um manual ou de um curso de Direito Internacional Público, não tendo, portanto, a proposta de ensinar a matéria aos não iniciados. Porém, dispondo o candidato de algum tempo, a leitura ao menos de sua introdução e de sua conclusão permitiria uma visão geral sobre o tema e um contato com as premissas teóricas do pensamento da examinadora.

Por outro lado, a Doutora Denise Neves Abade escreveu recentemente o Livro *Processo Penal* (Série Carreiras Federais, da Editora Método), em que teve a original preocupação de adaptar o ensino do processo penal às peculiaridades da esfera federal. Há nesse livro, também, tópicos importantes para o nosso estudo, relativos à influência do Direito Internacional Público no processo penal brasileiro. Trata, por exemplo, da Carta da ONU, da Declaração Universal de Direitos Humanos, do Pacto Internacional dos Direitos

Civis e Políticos, da Convenção Americana de Direitos Humanos (Pacto de São José da Costa Rica), da Convenção da ONU contra a corrupção (Convenção de Mérida); da Convenção da ONU contra o Crime Organizado Transnacional (Convenção de Palermo); do Estatuto de Roma (Tribunal Penal Internacional) e da Convenção de Viena contra o Tráfico de Drogas.

De todo modo, estar "sintonizado" com os examinadores e com o "mundo" deles é muito importante. Essa foi uma tática que adotei desde o início da minha preparação. Eu lia com habitualidade as notícias divulgadas no sítio eletrônico do Ministério Público Federal na internet (http://mpf.mp.br/). Dessa forma, era possível distrair-me, enquanto me informava sobre os temas mais importantes e mais atuais na pauta do Ministério Público Federal. Lembre-se, a maior parte da banca é composta por membros da carreira, praticamente todos atuando diariamente na atividade-fim. Ou seja, é muito provável que a elaboração das provas seja influenciada, em maior ou em menor grau, pelo dia a dia dos integrantes da instituição, seja pela atuação profissional do próprio examinador, seja pelo destaque dado internamente às conquistas e feitos importantes de outros membros da carreira. Além das notícias do site, eu seguia as publicações dos examinadores nas redes sociais, bem como de outros membros com perfis muito profícuos no Twitter ou no Facebook, além de *blogs*. Alguns falam especificamente sobre a preparação para o nosso concurso, outros, sobre assuntos jurídicos diversos e temas atuais do Ministério Público Federal.

É importantíssimo, ainda, ler artigos de autoria dos membros da Banca e também as obras de outros autores que venham sendo mencionadas ou recentemente lidas pelos examinadores. Dessa forma, o candidato aproxima-se do pensamento do examinador e maximiza as chances de antecipar a tendência da prova e de acertar questões que surpreenderão os concorrentes mais alheios.

Como já adiantei, não se deve investir muitas fichas (horas de estudo) em Direito Internacional Privado, tendo em vista a pequena quantidade de questões sobre essa matéria nas provas objetivas. Era notável sua ausência nas provas subjetivas, embora ela tenha surgido em uma questão discursiva do 29º CPR. Ainda assim, parece-nos bastante para ganhar alguns pontos nas poucas questões dessa disciplina que surgirão na prova limitar-se a uma fonte de estudos básica, didática e concisa. Para Direito Internacional Público, diversamente, será necessária a leitura de um ou dois bons manuais. Uma vez escolhido o seu livro-base, deve o candidato dedicar-se apenas aos capítulos que estejam previstos expressamente no programa do concurso. Não há tempo para distrações. Restrinja-se, pois, a estudar o que está no programa.

Para a minha preparação, foi de inestimável valia e constituiu a base da minha leitura inicial o livro de Paulo Henrique Gonçalves Portela, *Direito Internacional Público e Privado.* Essa obra presta-se a ensinar ambas as disciplinas, e sua edição mais recente, conforme verifiquei no site da Editora Juspodivm, foi atualizada e ampliada desde o lançamento da edição que adquiri para os meus estudos. Mesmo para quem não tem nenhuma intimidade com a disciplina, é possível obter os principais fundamentos dessa matéria pelo referido manual. Além dele, para esclarecer ou complementar alguns pontos do programa, consultei outras obras sucintas e objetivas, embora com menor abrangência do programa, como o livro *Direito Internacional Público – curso elementar*, de Francisco Rezek, publicado pela Editora Saraiva. Li também, e recomendo, publicações oficiais, disponíveis gratuitamente na internet, como o Manual de Cooperação Jurídica Internacional e Recuperação de Ativos do Ministério da Justiça[1] e a Cartilha Cooperação Jurídica Internacional em Matéria Penal, também do Ministério da Justiça[2]. Nessa área, é recomendável também acompanhar o trabalho da Secretaria de Cooperação Jurídica Internacional da Procuradoria-Geral da República[3-4].

1. Disponível em: <http://www.justica.gov.br/sua-protecao/lavagem-de-dinheiro/institucional-2/publicacoes>. Acesso em: 23 de fev de 2019.
2. Ibidem.Di
3. O ex-Secretário, Doutor Vladimir Aras, procurador regional da República, é ***habitué*** nas redes sociais e escreve o Blog do Vlad (https://vladimiraras.blog/), cujo conteúdo é riquíssimo para o candidato, tratando bastante sobre cooperação internacional, mas também sobre processo penal e outras matérias afetas ao trabalho do Ministério Público Federal.
4. Visite o site da Secretaria de Cooperação Internacional da PGR em: <http://www.mpf.mp.br/atuacao-tematica/sci>.

Durante minha preparação, pude receber de aprovados nos concursos anteriores (25º e 26º CPRs) sugestões de bibliografia de autores estrangeiros, como Malcolm Shaw, como se fossem indispensáveis para a preparação. Folheei o livro dele, *Direito Internacional*, da Martins Editora, parecendo-me muito extenso e sem a necessária contextualização das questões locais e das peculiaridades do Brasil, do Mercosul e das Américas. Não me parece que seu conteúdo atenda a maior parte das exigências do programa, nem que sua leitura seja tão eficiente quanto a de outros livros nacionais mais objetivos. Pude obter um bom resultado sem haver lido esse livro. Não desprezo, porém, seu valor como ferramenta de consulta eventual, para o aprofundamento de algum ponto que o candidato não tenha achado satisfatório em outras obras.

Quanto a cursos preparatórios com aulas presenciais ou em vídeo, serei cauteloso nas recomendações quanto a eles. Assisti a algumas aulas em vídeo pela internet, em sites especializados. Boa parte das aulas foi ministrada por procuradores da República, com grande domínio dos assuntos tratados. Analisando-os hoje, já com algum distanciamento, penso que esses cursos são muito úteis, sim, mas apenas se o candidato valer-se deles adequadamente. Do contrário, podem chegar a ser prejudiciais.

A primeira coisa que se deve ter em mente na hora de traçar-se uma estratégia de estudos é que o tempo é um fator muito importante na preparação para concursos desse nível. O programa é muito extenso, e chega a ser praticamente impossível um estudo detido de todos os seus pontos. Outros problemas com o tempo são a chamada "curva do esquecimento" e o intervalo entre concursos. Traçar um planejamento de estudos longo demais levará a um progressivo esquecimento dos temas estudados no início da preparação. Por outro lado, como os concursos vêm mantendo uma frequência média de um pouco menos de dois anos entre um e outro, não é viável planejar estudar todo o programa, pois não haverá tempo suficiente para esgotá-lo até a próxima prova. É necessário, portanto, ser seletivo com o programa, deixando de estudar alguns de seus tópicos, considerados menos importantes ou com reduzida tendência de serem objeto de questionamentos por parte do examinador.

Dito isso, e voltando às aulas de cursos preparatórios, *grosso modo*, o conteúdo que se ministra em uma hora de aulas poderia ser obtido em poucos minutos de leitura. A capacidade de transmissão oral do professor, por mais didático e objetivo que ele seja, não supera a velocidade de uma leitura atenta e concentrada de um texto de boa qualidade. Além disso, para quem já dispõe de uma boa base de estudos, frequentemente ocorrerá de tratar-se na aula de temas que o candidato já domina razoavelmente bem, sendo, por isso, preferível que ele os pulasse, para economizar tempo. Ou seja, a conquista do programa será mais rápida e completa por meio da leitura.

Todavia, há três principais utilidades para as aulas. Primeiramente, para o candidato que está começando sua odisseia de estudos e ainda não obteve o ritmo e a concentração necessárias para uma boa carga horária diária de leitura ininterrupta: as aulas podem ser uma excelente fonte de inspiração e ajudar no impulso inicial. Em segundo lugar, sempre haverá alguns temas de difícil assimilação por alguns candidatos, e que a leitura dos respectivos capítulos revelar-se-á confusa e insuficiente para um aprendizado seguro. Nessas situações, não raramente, uma boa aula sobre esse ponto pode ser esclarecedora e deslumbrante, permitindo ao candidato superar o obstáculo e prosseguir com seus estudos, de volta aos livros. Em terceiro e último lugar, mesmo para quem já está habituado a longas horas de estudo, haverá dias de maior cansaço em que a concentração para a leitura estará reduzida e prejudicada, exsurgindo as aulas como meio substituto da leitura, para que não se interrompa a sessão de estudos e se aproveite o tempo. Cansou de ler? Mude de matéria. Continua sem rendimento na leitura? Não pare de estudar! Assista a uma aula em áudio ou vídeo, por exemplo.

Em suma, as aulas são importantes como método de apoio ou de complemento à leitura, mas elas não podem ser sua principal fonte de estudos, sob pena de o candidato dependente de aulas assumir um ritmo mais lento em sua preparação.

Além da leitura de manuais e de artigos, o estudo do texto de alguns diplomas internacionais consiste em parte importantíssima da preparação para essa prova de Direito Internacional Público e Privado. Mais adiante, ao analisar as provas passadas, tratarei das normas e declarações mais importantes cuja leitura recomendo ao candidato.

2. ANÁLISE DAS PROVAS OBJETIVAS

Desde que as disciplinas de Direito Internacional Público e de Direito Internacional Privado começaram a constar do programa do concurso para procurador da República (a partir do 25º CPR), as provas vêm cobrando do candidato um domínio dessas matérias que vai além das noções mais elementares e gerais sobre elas, como seriam a simples compreensão dos seus princípios, de sua terminologia e de seus conceitos próprios ou peculiares. É este o tipo de conhecimento básico que costuma ser exigido nos concursos em geral em que essas disciplinas são cobradas, incluindo os exames para ser membro do Ministério Público Federal.

Essas duas matérias, bem como a Proteção Internacional dos Direitos Humanos, tornam o concurso para Procurador da República bastante peculiar. O grande número de reprovações nessas disciplinas ao longo dos últimos concursos foi também responsável por gerar bastante apreensão e expectativa dos candidatos, não muito habituados a lidar com essas matérias ou com nível semelhante de exigência. Trata-se de disciplinas que normalmente não recebem a devida atenção nas faculdades de Direito e cuja abordagem acadêmica nem sempre corresponde às questões práticas do cotidiano do Ministério Público Federal.

Todavia, não se deve deixar essa peculiaridade do concurso para procurador da República intimidar o candidato a ponto de ele desistir de concorrer ou superdimensionar a dificuldade ou o tempo de estudo para essas disciplinas. Os dez pontos que se pode obter acertando todas as questões de Direito Internacional na prova valem tanto quanto os dez pontos de Direito Administrativo ou os dez pontos de Direito Eleitoral, por exemplo. Assim, não se deixe impressionar e saiba balancear seus estudos de modo a atingir a pontuação mínima necessária em todos os grupos.

Prestei três concursos para procurador da República, do 25º ao 27º. No certame em que fui, enfim, aprovado, o 27º CPR, tive um desempenho muito bom nas matérias aqui comentadas, acertando oito das dez questões da prova objetiva, recebendo nota máxima nas duas questões discursivas e merecendo 80 pontos (de 100) na avaliação oral (esta última fase, já com a arguição sendo feita pela

Doutora Denise Neves Abade). É preciso, porém, perceber que esse concurso notabiliza-se por sempre aprovar, ao final, menos candidatos do que o número de vagas disponíveis, exceto pelo 29º CPR, que excepcionalmente resultou num pequeno número de nomeados. Assim, nem sempre é preciso obter as melhores notas. Historicamente, alcançando-se as notas mínimas em todos os grupos, mais um pequeno saldo (para garantir eventual ponto de corte), será possível superar a prova objetiva. Daí em diante, basta obter a pontuação mínima em cada grupo de provas na avaliação escrita e em cada matéria na arguição oral.

A seguir, compartilharei minha experiência nesses três certames em que me inscrevi, considerando difusamente o que suponho terem sido os erros e os acertos da minha preparação. Arrisco-me a dizer, sem querer ser pretensioso, que não se trata de uma prova realmente difícil a de Direito Internacional Público e Privado. Não foram suscitadas, de modo geral, questões de alta indagação jurídica ou problemas de solução controversa, polêmica ou complexa. O maior desafio nessas disciplinas está em conhecer o programa – muito extenso – e tantos conceitos, normas e temas diversos, os quais costumam representar novidades para os candidatos que estão iniciando sua preparação para esse concurso.

A relação jurídica entre nações soberanas, organizações internacionais, e os indivíduos é regida por princípios bastante especiais, em sua maioria sem correspondência com os princípios do Direito Interno, e por normas de estrutura diferente. O costume jurídico internacional, por exemplo, dispõe de uma importância como fonte do Direito das Gentes sem paralelo com o costume jurídico nos ordenamentos nacionais de matriz romano-germânica (*civil law*), como é o caso do Direito brasileiro. Há, portanto, uma grande independência científica e metodológica dessas matérias em relação às demais disciplinas jurídicas. A abstração dos paradigmas, dos pressupostos, dos princípios e da dinâmica do direito interno e a compreensão e a adaptação do raciocínio jurídico tradicional a esse modelo muito peculiar de Direito são condições essenciais para um aprendizado seguro e eficiente das matérias aqui tratadas. O candidato deve alcançar essas habilidades antes de estar preparado para aprofundar-se nos estudos do Direito Internacional, pelo menos num nível necessário para obter o desempenho mínimo nessa prova.

Nas últimas provas objetivas, foi exigido do candidato ao cargo de procurador da República que conhecesse também especificidades do conteúdo dos documentos internacionais mais importantes, como a Carta da ONU, as Convenções de Viena sobre o Direito dos Tratados, sobre Relações Diplomáticas e sobre Relações Consulares, o Código Bustamante, o Pacto de São José da Costa Rica (Convenção Americana sobre Direitos Humanos) a Convenção sobre o Estatuto dos Apátridas, a Convenção das Nações Unidas sobre o Direito do Mar, o Estatuto de Roma do Tribunal Penal Internacional, etc. Além desses e de outros diplomas mais célebres, mais estudados e de maior abrangência, foram questionadas nas últimas duas provas objetivas, por exemplo, normas constantes do texto de alguns tratados de menor alcance mundial ou menos conhecidos, como protocolos e tratados celebrados no âmbito regional do Mercosul, acordos bilaterais, tal qual o mantido entre o Brasil e os Estados Unidos da América para Assistência Jurídica em Matéria Penal (*MLAT*, na sigla em inglês), o Acordo entre o Brasil e a Santa Sé relativo ao Estatuto Jurídico da Igreja Católica, a Convenção Internacional para a Proteção de Todas as Pessoas contra o Desaparecimento Forçado, a Convenção Interamericana sobre Obrigação Alimentar, a Convenção sobre os Aspectos Civis do Sequestro Internacional de Crianças, a Convenção de Auxílio Judiciário em Matéria Penal entre os Estados Membros da Comunidade dos Países de Língua Portuguesa, etc.

De maneira que se recomenda ao candidato que, após a formação de um arcabouço teórico sobre os principais fundamentos do Direito Internacional, valendo-se de bons manuais e cursos, passe ao estudo dos capítulos centrais dos textos dos já mencionados e dos seguintes documentos internacionais, principalmente quando faltarem poucos dias para as provas, quais sejam: Carta da ONU; Estatuto da Corte Internacional de Justiça; Estatuto de Roma do Tribunal Penal Internacional (TPI); Pacto Internacional sobre Direitos Econômicos, Sociais e Culturais; Pacto Internacional sobre Direitos Civis e Políticos; Pacto de São José da Costa Rica (Convenção Americana sobre Direitos Humanos); Convenção de Viena sobre o Direito dos Tratados; Convenção de Viena sobre Relações Diplomáticas; Convenção de Viena sobre Relações Consulares; Convenção das Nações Unidas sobre o Estatuto dos Refugiados; Convenção sobre o Estatuto dos Apátridas; Convenção da Haia sobre os Aspectos Civis do Sequestro Internacional de Crianças; Convenção Internacional para a Proteção de Todas as Pessoas contra o Desaparecimento Forçado; Acordo de Assistência Judiciária em Matéria Penal entre o Governo da República Federativa do Brasil e o Governo dos Estados Unidos da América (*MLAT*); Acordo de Assistência Judiciária em Matéria Penal entre o Governo da República Federativa do Brasil e o Governo da República Portuguesa (nesse acordo, em especial, a Autoridade Central do Brasil é a Procuradoria-Geral da República e não o Ministério da Justiça); Convenção das Nações Unidas contra a Corrupção (Convenção de Mérida); Convenção das Nações Unidas contra o Crime Organizado Transnacional (Convenção de Palermo).

Há outras normas importantes que podem ser cobradas na prova e cuja leitura seria valiosa, se o candidato dispuser de tempo. Reputa-se, no entanto, que a relação acima contém aquelas cujo texto tem grande apelo para ser objeto de questionamento por parte da examinadora, seja pelo histórico da prova, seja pela atualidade dos temas.

As questões das provas passadas, porém, não se limitaram aos princípios gerais e aos textos das normas de Direito Internacional. Aqui e ali, em umas poucas questões, também foi cobrado do candidato que ele estivesse bem atualizado acerca dos precedentes do Supremo Tribunal Federal sobre matéria de Direito Internacional e, mesmo, que conhecesse a jurisprudência de tribunais internacionais, como a Corte Europeia de Direitos Humanos.

Nota-se que a nova examinadora da matéria, a Doutora Denise Neves Abade, seguiu a tendência demonstrada por seu antecessor na Banca, o Doutor Eugênio Aragão, de deixar progressivamente de formular questões sobre casuística internacional, ou seja, sobre precedentes marcantes das Cortes Internacionais, que servem de paradigma para a interpretação do Direito Internacional. Foram questões assustadoras e que pegaram muitos candidatos desprevenidos sobre o Caso Yerodia, Caso Pinochet, Caso da Ilha de Palmas, Caso Bélgica *v.* Senegal, etc. Esse tipo de questão ocorreu principalmente na prova objetiva do 25° CPR.

O abandono paulatino da elaboração de questões sobre casuística internacional não significou, entretanto, que a prova tenha adquirido uma feição menos prática. De jeito nenhum. Percebe-se, pelo contrário, ainda mais nitidamente nas últimas duas provas, que a formulação das questões aproximou-se da realidade do Ministério Público Federal, destacadamente da atividade dos procuradores da República que atuam nas fronteiras, ou que lidam cotidianamente com cooperação jurídica internacional ou, mesmo, que trabalham com temas domésticos que sejam regulados, ainda que parcialmente, por convenções internacionais, como são os casos mais marcantes da proteção ao meio ambiente e aos direitos humanos de um modo geral.

É verdade que ainda foi possível encontrar nas provas do 28º e do 29º CPRs uns poucos enunciados que trataram de temas mais afetos ao *métier* da carreira diplomática do que propriamente do trabalho Ministério Público Federal, como assertivas sobre detalhes do procedimento dos litígios no âmbito da Corte Internacional de Justiça e sobre matéria de reconhecimento de Estados. Em razão disso, não se pode desprezar por completo tais assuntos. É preciso, sem sombra de dúvidas, ter uma base teórica sólida sobre os temas clássicos do Direito Internacional e usualmente presentes em todos os melhores manuais e cursos. Esse conhecimento básico não apenas permite ao candidato ganhar valiosos pontos em questões elaboradas especificamente sobre esses temas, mas também fornece fundamentos e subsídios técnicos para que se possa compreender outras questões mais complexas e deduzir suas respostas, mesmo que não se conheça minuciosamente o assunto.

Quanto ao programa trazido pela Resolução n.º 169/2016 do Conselho Superior do Ministério Público Federal, verifica-se uma grande alteração no que diz respeito aos pontos de Direito Internacional Público e Privado. Todavia, uma observação mais atenta revela que houve basicamente uma reorganização dos pontos do programa e que as alterações não mudam significativamente o rol dos temas a serem estudados, embora confirmem a tendência de abandono de questões de natureza diplomática, relativas a conflitos e controvérsias entre Estados, e de prevalência de temas de cooperação jurídica internacional, penal e cível, e de outros mais relativos aos indivíduos (apatridia, asilo, refúgio, extradição, migração etc.).

Também é possível notar uma melhor distribuição e especificação dos pontos de Direito Internacional Privado.

Abaixo, vejamos os pontos do programa, com observações sobre alguns deles:

MUITO IMPORTANTES

(em negrito, principais novidades do programa)

PONTO DO EDITAL	CPR que exigiu o ponto e o nº da questão	OBSERVAÇÕES
1.a. Desenvolvimento histórico do Direito Internacional Público. Terminologia. A sociedade internacional e suas características. **A expansão qualitativa e quantitativa do Direito Internacional**. Princípios que regem as relações internacionais do Brasil.		Trata-se de ponto fundamental para a compreensão do Direito Internacional Público. O conhecimento sobre a sua evolução e o domínio de sua terminologia são peças-chave para um bom desempenho na prova. Para a parte final, leia-se o art. 4º da Constituição da República e consulte comentários sobre ele em algum bom manual.
3. a. Fontes do Direito Internacional Público. Costume Internacional. Princípios Gerais. Jurisprudência e Doutrina. Atos Unilaterais. Deliberações de Organizações Internacionais. Analogia e Equidade no Direito Internacional. Normas imperativas. Jus Cogens. Obrigações erga omnes. Soft Law.	25º (52, 57, 58, 59), 27º (53), 28º (51, 55)	Fontes do DIP e Direito dos Tratados são matérias que sempre vêm sendo objeto de questões.
4. c. Direito internacional tributário. O fenômeno da bitributação. Acordos de bitributação. **Combate internacional à sonegação. Tratados internacionais de cooperação e informação tributária.**		A parte negritada é novidade no programa. Vale a leitura rápida, principalmente para a prova subjetiva e para a prova oral, da recentíssima Convenção Multilateral sobre Assistência Mútua Administrativa em Matéria Tributária.

PONTO DO EDITAL	CPR que exigiu o ponto e o nº da questão	OBSERVAÇÕES
5. b. Tratados internacionais. Condições de Validade. Reservas. Entrada em vigor. Registro e publicidade. Modificação. Exigibilidade e efetividade. Efeitos sobre terceiros. Tratados sucessivos. Nulidades. Suspensão da aplicação do tratado. Modalidades de extinção.	25º (32, 38, subjetiva), 28º (55)	
6. a. Estrangeiros. Entrada, permanência e saída regular. Tratamento jurídico da saída compulsória dos estrangeiros e direitos dos envolvidos: repatriamento, deportação, expulsão.	25º (56), 26º (53)	
6. b. **Organização dos Estados Americanos: evolução histórica, finalidade, atuação, órgãos internos, tipos de deliberações, modos de solução de controvérsias e sanções. Outras organizações internacionais regionais das Américas.**	25º (59)	A OEA recebeu um ponto específico nesse novo programa, o que revela o destaque conferido pela examinadora a essa Organização.
7. a. Interpretação dos tratados no âmbito internacional e no âmbito nacional. Controle de convencionalidade de matriz internacional e de matriz nacional. Diálogo entre os órgãos judiciais nacionais e internacionais. Conflito entre decisão nacional e internacional.	29º (subjetiva)	Conhecer a jurisprudência do STF sobre esse ponto e ler notícias sobre as condenações que o Brasil já sofreu no âmbito de Corte Interamericana de Direitos Humanos (CIDH).

PONTO DO EDITAL	CPR que exigiu o ponto e o nº da questão	OBSERVAÇÕES
8. a. **Povo.** Nacionalidade no Direito Internacional. Formas de aquisição da nacionalidade originária e derivada. Perda e reaquisição da nacionalidade. Direitos e deveres dos nacionais. Interação e conflito entre normas nacionais e internacionais sobre nacionalidade.	28º (59)	
9. a. Tratados internacionais. Evolução histórica. Classificação. Terminologia. Gênese. Negociação e competência negocial. Formas de expressão do consentimento. Conflito entre tratados e com as demais fontes.	28º (51, 55)	
9. b. Tratamento internacional e nacional do asilo. Disposições convencionais, legais e administrativas referentes ao asilo. O papel dos órgãos internos. A proteção ao brasileiro no exterior.	26º (subjetiva), 28º (58)	Ler a nova Lei de Migração, Lei n.º 13.445/17. Estudar também as especificidades do costume jurídico internacional sobre asilo no âmbito dos países latino-americanos.
10. c. Organização das Nações Unidas: evolução histórica, finalidades, atuação, órgãos internos, tipos de deliberações, modos de solução de controvérsias e sanções. As agências da Organização das Nações Unidas.	29º (51)	

PONTO DO EDITAL	CPR que exigiu o ponto e o nº da questão	OBSERVAÇÕES
11. a. Direito Internacional Penal e Direito Penal Internacional: divergências e convergências. Implementação direta e indireta do Direito Internacional Penal. Jurisdição universal e suas espécies.	25º (46), 26º (55), 27º (51), 28º (59)	Ponto fundamental para entender as bases teóricas da cooperação jurídica internacional em matéria penal. O candidato deve dominar integralmente esse ponto e com segurança, buscando mais de uma fonte de estudo.
11. b. Relação do Direito Internacional e o Direito Interno. Correntes doutrinárias. Como o Direito Interno vê o Direito Internacional. Como o Direito Internacional vê o Direito Interno. Princípios regentes da relação do Direito Interno com o Direito Internacional. A Constituição brasileira e o Direito Internacional.		Questões básicas e essenciais para a compreensão dos princípios e da dinâmica do Direito Internacional.
12. c. Fases de formação e incorporação do tratado ao direito brasileiro. Acordo executivo e o Direito brasileiro. Modo de formação c incorporação de fontes internacionais extraconvencionais ao Direito brasileiro.	28º (55)	
13. a. Extradição. Evolução histórica. Princípios e características da extradição. Vedações e limites à extradição. Trâmite e fases da extradição. Execução da extradição. **Incidência de direitos fundamentais na extradição.**	26º (53), 27º (56, subjetiva), 28º (56, 60, subjetiva)	O Brasil é um dos poucos Estados que não aceitam executar em seu território sentenças "penais" proferidas no exterior (salvo os casos de transferência de condenados). Isso dificulta muito a reciprocidade na cooperação jurídica internacional, mas não prejudica o cumprimento da cláusula ***aut dedere aut iudicare***.

PONTO DO EDITAL	CPR que exigiu o ponto e o nº da questão	OBSERVAÇÕES
13. b. Tribunal Penal Internacional. Origem. Composição e órgãos. Jurisdição do Tribunal Internacional Penal e seus limites. Princípios regentes. Processamento de casos. Cooperação do Estado com o Tribunal Penal Internacional. Entrega. Penas. A Constituição e o Estatuto do Tribunal Penal Internacional.	25º (37), 28º (60), 29º (52)	Atualizar-se sobre os casos processados pelo TPI, bem como sobre a recente discussão acerca do cabimento da persecução pelo TPI de crimes ambientais graves e apropriação de terras.
14. b. Assistência Jurídica internacional. Auxílio Direto. Requisitos, trâmite e características. Tratados internacionais celebrados pelo Brasil sobre o auxílio direto cível e criminal. **Incidência dos direitos fundamentais no auxílio direto.**	25º (43, subjetiva), 27º (subjetiva), 28º (59), 29º (57)	Recomendo uma visita ao site do MPF para conhecer as páginas que trata da Secretaria de Cooperação Jurídica Internacional da PGR e saber mais sobre suas atividades mais recentes. A parte final faz referência ao tema do livro da provável examinadora.
15. a. A Convenção sobre os Aspectos Civis do Sequestro Internacional de Crianças e seu regime jurídico. Competência da Justiça Federal. Atribuições do Ministério Público Federal e da Advocacia Geral da União. Autoridade Administrativa Central. O trâmite administrativo e processual do pedido de devolução.	25º (47), 26º (56), 27º (60), 28º (53, subjetiva), 29º (56)	
16. b. Assistência Jurídica Internacional. Carta Rogatória. Requisitos, trâmite e características. O exequatur. Tratados internacionais celebrados pelo Brasil sobre carta rogatória. **Incidência de direitos fundamentais na carta rogatória.**	25º (41, 43, 45, subjetiva), 27º (subjetiva)	Compreender que o incremento da importância do auxílio direto vem sobrepondo essa via sobre as tradicionais cartas rogatórias, as quais vêm sendo relegadas para a fase judicial do processo.

PONTO DO EDITAL	CPR que exigiu o ponto e o nº da questão	OBSERVAÇÕES
17. c. Cooperação Jurídica internacional. Evolução e fundamentos. Via diplomática. Via da autoridade central. Via do contato direto entre autoridades. Cooperação Policial. A Constituição e os tratados celebrados pelo Brasil sobre cooperação jurídica internacional.	25º (41, 43, subjetiva), 26º (57), 27º (58), 28º (56), 29º (58)	Vale entender um pouco sobre as redes de cooperação (IberRede, Eurojust, Interpol, etc) e fazer a leitura de alguns dos acordos bilaterais de cooperação em matéria penal (sugiro os firmados com os EUA, com Portugal e com a França, pela grande frequência com que são utilizados e por suas peculiaridades).
18. a. Prestação de alimentos no exterior. Tratados internacionais sobre prestação de alimentos no exterior celebrados pelo Brasil. Convenção de Nova York de 1956. Atribuições do Ministério Público Federal como autoridade central na cooperação ativa e passiva. Competência da Justiça Federal. A ação de auxílio direto proposta pelo Ministério Público Federal.	28º (53), 29º (55)	Foi objeto de questão no 28º CPR. É um dos poucos tratados de cooperação em que o MPF funciona como autoridade central.
18. b. Regime jurídico dos crimes internacionais. Os crimes de jus cogens. Crime de Agressão. Crime de Genocídio. Crimes de guerra. Crimes contra a humanidade. Elementos dos crimes internacionais. Dever de cooperar na investigação e persecução de crimes internacionais.	25º (52, 53, subjetiva), 26º (54), 27º (56, subjetiva), 28º (52, 60)	

PONTO DO EDITAL	CPR que exigiu o ponto e o nº da questão	OBSERVAÇÕES
19. b. Migrações. Tratados, declarações e organizações internacionais sobre os direitos dos migrantes. Precedentes internacionais sobre os direitos dos migrantes.	29º (60)	Novidade no programa do 29º CPR e assunto muito atual.
20. a. Direito Internacional dos Refugiados. Evolução histórica: origem e fases. **O Alto Comissariado das Nações Unidas para os Refugiados. Os dispositivos convencionais, legais e administrativos referentes ao refúgio.** Tipos de perseguição. O papel dos órgãos internos e o controle judicial.	26º (subjetiva), 28º (57), 29º (60)	Ler a nova Lei de Migração, Lei n.º 13.445/17. Tema atual, que foi mais bem especificado no programa. O candidato que não souber tratar desse tema na prova de modo adequado e atualizado revelará desinteresse sobre as questões de Direito Internacional e pode perder pontos preciosos. Vale visitar o site do ACNUR (http://www.acnur.org/portugues/).
21. a. Órgãos das relações entre Estados. Relações diplomáticas e consulares. Missões diplomáticas e consulares. Regime jurídico dos agentes diplomáticos e consulares. Imunidades de agentes públicos no Direito Internacional: conteúdo, alcance e limites. Regime de tropas estacionadas por força de tratado.	25º (35, 36, 40, subjetiva), 26º (60), 27º (55), 28º (52, 55, 58)	
21. b. Direito da Integração Regional. Tipologia. Organização Internacional Supranacional. Mercado Comum do Sul. Evolução. Características. Estrutura, atividades e funções de seus órgãos. Principais atos institutivos. Poder normativo e deliberações. Relação com o Direito brasileiro.	28º (53)	O novo programa e as questões do 28º CPR denotam maior atenção da examinadora aos temas relativos ao Mercosul.

RELEVANTES

PONTO DO EDITAL	CPR que exigiu o ponto e o nº da questão	OBSERVAÇÕES
1. b. **Princípios do Direito Internacional Privado. Igualdade e tolerância no Direito Internacional Privado.** Interpretação e aplicação do direito estrangeiro. Prova do direito estrangeiro. **Reenvio**.	27º (52), 28º (54, 60), 29º (59)	Tema central de Direito Internacional Privado. Já foi objeto de questão em concursos anteriores. No programa atual, os pontos relativos ao Direito Internacional Privado foram mais bem detalhados.
1. c. Prerrogativas e imunidades das organizações internacionais. **Incorporação ao direito brasileiro das deliberações de organizações internacionais.** Extinção e sucessão das organizações internacionais. Responsabilidade internacional das Organizações internacionais e a proteção funcional.	28º (51), 29º (60)	O tema em negrito deve receber especial atenção, pois costuma haver muita confusão quanto ao valor jurídico no âmbito doméstico de deliberações de organizações internacional.
2. b. Estado. Elementos constitutivos. Autodeterminação dos Povos. Soberania e suas espécies. Reconhecimento de Estado e Governo. Direitos e Deveres do Estado. Restrições aos direitos dos Estados.	25º (54, 60), 28º (59), 29º (51)	
3. b. Espaços globais Comuns. Tipologia. Princípios. Patrimônio Comum da Humanidade. Regime jurídico da Antártida. Espaço sideral.		

PONTO DO EDITAL	CPR que exigiu o ponto e o nº da questão	OBSERVAÇÕES
4. a. Direito Internacional Privado de matriz legal. A Lei de Introdução às Normas do Direito Brasileiro. Hierarquia e diálogo das fontes nacionais e internacionais do Direito Internacional Privado.	26º (58), 27º (52), 28º (54), 29º (54), 29º (59)	Tema central de Direito Internacional Privado. Esse ponto ficou mais bem detalhado no atual programa.
4. b. Espaços globais comuns. Alto mar. Ártico. Fundos marinhos. **A atuação da União Internacional de Telecomunicações.**		A parte negritada é novidade do programa do 29º CPR. Vale visitar o site da organização (https://nacoesunidas.org/agencia/uit/)
5. a. Território: aquisição e perda. Domínio Terrestre. Faixa de Fronteira. Domínio Fluvial. Domínio Aéreo.	25º (39)	
5. c. Estatuto pessoal no Direito Internacional Privado e sua evolução no Brasil. Pessoa Jurídica no Direito Internacional Privado. Bens no Direito Internacional Privado.	26º (58, 59), 28º (54), 29º (54)	Tema central de Direito Internacional Privado. Ponto mais bem detalhado no programa do 29º CPR.
6. c. Jurisdição internacional do Estado e das organizações internacionais: espécies, alcance e limites. Imunidades do Estado e das organizações internacionais.	27º (51)	
9. c. Solução pacífica de controvérsias. Arbitragem internacional pública. Corte Internacional de Justiça: legitimidade, competências, jurisdição consultiva e contenciosa. Outros tribunais internacionais.	28º (55, 57)	

PONTO DO EDITAL	CPR que exigiu o ponto e o nº da questão	OBSERVAÇÕES
10. a. Responsabilidade internacional do Estado. Obrigações Primárias e Secundárias. Garantia da ordem pública internacional. Elementos da responsabilidade internacional. Fato internacionalmente ilícito. Excludentes da ilicitude. Imputação e espécies de atos imputados. Resultado lesivo. Nexo causal.	25º (33, subjetiva), 26º (51, subjetiva), 27º (59), 28º (57)	
10. b. Transferência de sentenciados. Requisitos, trâmite e características. Tratados celebrados pelo Brasil sobre transferência de sentenciados. **Incidência de direitos fundamentais na transferência de sentenciados.**	28º (56)	Matéria ainda pouco conhecida e tratada. Vale visitar a página respectiva do Ministério da Justiça (http://www.justica.gov.br/seus-direitos/estrangeiros/cooperacao-internacional/transferencia-de-pessoas-condenadas)
12. a. Tribunais internacionais penais. Aspectos gerais. Princípios e características dos tribunais criados pelo Conselho de Segurança. Tribunais Internacionais Penais híbridos.	25º (52)	
13. c. Reconhecimento e execução de sentença estrangeira. Lei de Introdução às Normas do Direito Brasileiro e a homologação de sentença estrangeira. Requisitos, trâmite e características da homologação de sentença estrangeira. Incidência de direitos fundamentais na homologação de sentença estrangeira.	28º (subjetiva)	

PONTO DO EDITAL	CPR que exigiu o ponto e o nº da questão	OBSERVAÇÕES
14. a. Direito Internacional do Meio Ambiente. Evolução histórica. Tratados ratificados pelo Brasil. Impacto no Direito brasileiro. Princípios. Regime jurídico do combate aos efeitos nocivos da mudança climática. Regime jurídico da proteção atmosférica e combate à poluição do ar.	26º (52)	
14. c. Terrorismo e o Direito Internacional. Tratados internacionais e deliberações de organizações internacionais sobre a repressão ao terrorismo.		
15. b. Domínio marítimo. Jurisdição sobre embarcações no alto mar. Uso da força no alto mar. Ilhas costeiras e oceânicas. Navios e aeronaves no Direito Internacional. Jurisdição do Estado costeiro: alcance e limites. Solução de controvérsias do Direito do Mar.	27º (54), 28º (58), 29º (53)	
15. c. Direito Internacional do Meio Ambiente. Regime jurídico da proteção dos oceanos e recursos hídricos. Regulamentação internacional da pesca. Biodiversidade, fauna e flora. Tratamento internacional dos resíduos e substâncias perigosas.	28º (57)	

PONTO DO EDITAL	CPR que exigiu o ponto e o nº da questão	OBSERVAÇÕES
16. a. Personalidade internacional. Sujeitos especiais do Direito Internacional. Indivíduo no Direito Internacional. Santa Sé. Beligerantes. Insurretos. Movimentos de libertação nacional. Organizações não governamentais. Estados federados e entes federados perante o Direito Internacional.	28º (51, 60)	
16. c. Organização Internacional. Personalidade Jurídica. Elementos constitutivos. Evolução. Espécies e finalidades. Funcionamento. Poder normativo das organizações internacionais: alcance e limites. Acordo de sede.		O conhecimento desse ponto vem sendo exigido de modo difuso, como pano de fundo para a compreensão de várias questões.
17. a. A proteção internacional da democracia. A atuação da Organização dos Estados Americanos na defesa da democracia. A Carta Democrática Interamericana e demais diplomas normativos interamericanos. **A cláusula democrática do Mercado Comum do Sul e seus procedimentos.**	25º (59)	Ponto que era genérico e está mais detalhado no programa do 29º CPR, o que denota maior importância dada a ele. É útil conhecer as recentes discussões sobre a aplicação da cláusula democrática do Mercosul contra o Paraguai e as ameaças de aplicação contra o Brasil e a Venezuela.
18. c. Regime jurídico internacional do controle de armas. Não proliferação nuclear e sua fiscalização.		Novidade no programa do 29º CPR.

PONTO DO EDITAL	CPR que exigiu o ponto e o nº da questão	OBSERVAÇÕES
19. a. Direito Internacional Humanitário. Classificação de suas normas. Os princípios do Direito Internacional Humanitário. A Cláusula Martens e o costume internacional no Direito Internacional Humanitário. Os tratados de Direito Internacional Humanitário celebrados pelo Brasil.	25º (34), 28º (60)	
19. c. Regime jurídico internacional da apatridia e da polipatria. Nacionalidade e o regime jurídico especial dado aos portugueses. Regime jurídico do tratamento de nacionais de países do Mercado Comum do Sul (Mercosul).	25º (44), 27º (56), 28º (55, 58), 29º (60)	
21. c. Direito de autotutela: sanções, sanções "inteligentes", contramedidas, retorsão e represálias. O tratamento jurídico internacional da intervenção humanitária unilateral e coletiva.	26º (subjetiva)	

RESIDUAIS

PONTO DO EDITAL	CPR que exigiu o ponto e o nº da questão	OBSERVAÇÕES
2. a. **Desenvolvimento histórico e fases do Direito Internacional Privado. Fontes do Direito Internacional Privado. Pluralidade de objeto do Direito Internacional Privado. Fato transnacional e suas características.**		Ponto que ficou mais bem detalhado no atual programa.

PONTO DO EDITAL	CPR que exigiu o ponto e o nº da questão	OBSERVAÇÕES
2. c. Solução pacífica de controvérsias. Conceito. Evolução histórica. Instrumentos não jurisdicionais. Negociação. Bons ofícios. Mediação. Investigação ou inquérito. Conciliação.		
3. c. Ordem Pública e suas espécies. Fraude à lei no Direito Internacional Privado. Normas de aplicação imediata no Direito Internacional Privado.	29º (subjetiva)	Ponto mais bem detalhado no programa do 29º CPR.
7. b. **Organizações e órgãos internacionais dedicados ao Direito Internacional Privado. Convenções sociais de Direito Internacional Privado.**		Novidade no programa do 29º CPR.
7. c. Regime jurídico do uso da força no direito internacional: uso lícito e ilícito. Segurança coletiva: global e regional. A proteção da paz e da segurança internacionais por organizações internacionais: o papel da Organização das Nações Unidas **e da Organização dos Estados Americanos.**	25º (31, 34)	Reafirmação da tendência do novo programa de valorizar as organizações e as questões regionais, com a explicitação do papel da OEA.
8. b. Extinção de Estados. Regime jurídico dos novos Estados independentes. Sucessão de Estados em relação a bens, arquivos, dívidas, organizações internacionais e tratados.		

PONTO DO EDITAL	CPR que exigiu o ponto e o nº da questão	OBSERVAÇÕES
8. c. Métodos do Direito Internacional Privado. Qualificação no Direito Internacional Privado. Direito Internacional Privado e obrigações. Autonomia da vontade no Direito Internacional Privado.		Ponto veio mais detalhadamente descrito no programa do 29º CPR.
11. c. Regime jurídico da reparação no Direito Internacional. Responsabilidade internacional individual e sua relação com a responsabilidade internacional do Estado.	25º (subjetiva)	
12. b. Direito Internacional Privado das Famílias. Alimentos, Casamento e uniões civis no Direito Internacional Privado. Direito Internacional Privado das Sucessões.	26º (58)	Ponto mais bem detalhado no programa do 29º CPR.
17. b. Domínio marítimo. Regime jurídico do Mar Territorial, Zona Contígua, Plataforma Continental e Zona Econômica Exclusiva. Delimitação de fronteiras marítimas. Estreitos e canais. Ilhas e arquipélagos. Direito de passagem inocente.		
20. b. Proteção diplomática. Evolução histórica. Elementos. Esgotamento prévio dos recursos internos.	25º (42)	

PONTO DO EDITAL	CPR que exigiu o ponto e o nº da questão	OBSERVAÇÕES
20. c. Comitê Internacional da Cruz Vermelha. Natureza jurídica. Acordo de sede e imunidades. Finalidades, funções, atividades e proteção de acordo com o Direito Internacional Humanitário.	28º (51)	

3. PROVAS DISCURSIVAS E ORAIS

Nos dias seguintes à prova objetiva, até a divulgação do gabarito preliminar, muitos candidatos fazem um estudo aprofundado da prova, buscando antecipar a resposta oficial. Esse estudo é muito útil e serve de fixação de conteúdo e aprendizado de temas sobre os quais o candidato não conseguiu pontuar, além de ajudar a aliviar um pouco a expectativa pelo gabarito oficial. É válido também para a elaboração de eventuais recursos contra o gabarito preliminar e para um prognóstico sobre as chances de aprovação para a próxima fase.

O candidato que reputar que tem uma chance razoável de seguir no concurso deve ser otimista e começar imediatamente a investir na sua preparação para as fases seguintes, pois essa antecipação pode ser relevantíssima para o melhor aproveitamento do tempo. A preparação para as provas subjetivas e orais segue uma tática bastante distinta daquela de mera acumulação de informações que serviu para a prova objetiva. Doravante, além do conhecimento mais aprofundado e seguro do conteúdo programático, avaliam-se outras habilidades do candidato: a de desenvolver um raciocínio jurídico correto, coerente, sintético, com clareza de ideias, com demonstração de cultura jurídica e geral, domínio da norma culta da língua portuguesa e do vocabulário jurídico, num tempo adequado, e, na prova oral, além disso, a capacidade de expressar-se oralmente perante os examinadores, com o domínio da grande ansiedade que afeta dez em cada dez candidatos.

No caso das disciplinas de Direito Internacional Público e Privado, o zelo pela linguagem consiste num componente ainda mais notável, pois o próprio vocabulário dessas matérias é peculiar. São diversos os termos técnicos exclusivos dessas áreas do Direito, muitos em outro idioma, e alguns que recebem uma significação diferente do ordinário e que não pode ser confundida, sob pena de o candidato revelar sua imaturidade no tema.

Nessa fase, o fator sorte adquire outra natureza. Não há alternativas prontas para julgar e assinalar. É preciso desenvolver as respostas, valendo-se apenas do enunciado das questões e da consulta a diplomas normativos e declarações internacionais. A coletânea ou o *vade mecum* devem ser levados pelo candidato, sem anotações. A legislação de Direito Internacional é amplíssima. Não é possível encontrar no mercado uma coletânea que, sozinha, contenha todas as normas importantes para consultar-se durante a prova escrita. Os candidatos geralmente levam duas ou três coletâneas diferentes, além de levar impressas algumas normas faltantes. Segundo o art. 43, § 1º, da Resolução do 29º CPR, "É permitida a consulta à legislação obtida na internet, ou de forma avulsa, impressa ou copiada em apenas uma face, até o máximo de 20 (vinte) folhas". Assim, pode ser necessário reduzir a fonte do texto das normas e as margens do papel ao máximo, para que caiba mais conteúdo nessas 20 folhas. Note-se que não é permitida a impressão no verso das páginas.

Imprima algumas folhas contendo lembretes, com uma relação de definições e classificações, com dicas resumidas, para diferenciar institutos e fixar a nomenclatura. Essas folhas serão muito úteis para uma revisão rápida antes da prova subjetiva ou da prova oral. Por exemplo:

> ***G2 - DIP e DIPrv.***
>
> ***Lei internacional*** *é ato unilateral de organização internacional com força obrigatória (Res. CS/ONU).* **Soft law**: *sua violação não implica responsabilidade dos Estados, norma não vinculante, porém importante para a construção do direito internacional. Não há hierarquia de fontes do DIP.*
>
> ***Costume internacional*** *consiste numa prática generalizada, contínua e uniforme, aceita como uma regra. Pode formar-se mundialmente ou regionalmente (asilo diplomático na América Latina).*

> ***Asilo*** *é constitutivo.* ***Refúgio*** *é declaratório, é mero reconhecimento da condição de refugiado.*

É preciso ter cuidado, porém, para não soar forçada ou artificial a inserção de uma citação literal ou de uma definição conceitual sem a devida conexão com o que se pede no enunciado da questão.

Atenção! Esses lembretes não podem ser consultados durante a realização das provas. Recomenda-se sua leitura às vésperas ou nos instantes anteriores ao início da prova, quando se deve rasgar os papéis e lançá-los na lixeira da sala, para evitar-se um incidente ou um mal-entendido.

A preparação para a prova subjetiva e para a prova oral depende de muito treino e muita simulação. Como se trata de habilidades bem específicas, não há como adquiri-las ou desenvolvê-las apenas com leitura ou aulas. É preciso treinar e treinar muito, sem descontinuar, naturalmente, o estudo do conteúdo programático.

Então, ao preparar-se para a prova escrita, o candidato deve passar a escrever textos dissertativo-argumentativos sobre os pontos mais importantes do programa.

Nessa fase, a seletividade dos temas é mais importante do que nunca. Como são poucas as questões discursivas (é de se esperar apenas duas sobre nossas disciplinas, sendo pouco provável, embora não impossível, que uma delas seja sobre Direito Internacional Privado, como ocorreu no 29º CPR), aumentam muito as chances de o examinador formular enunciados sobre os temas mais importantes. O ideal é obter-se várias cópias de uma folha de respostas oficial em branco e começar a treinar utilizando-as, para adaptar-se ao comprimento exato das linhas e ao limite das respostas. Há alguns cursos online que fornecem periodicamente enunciados de questões subjetivas e correção das respostas com comentários críticos. Estes podem ser de grande relevância, principalmente para o candidato que ainda não está habituado com esse tipo de avaliação. Não somos muito bons julgadores de nós mesmos. Por isso, é importante que alguém experiente avalie nossas respostas.

Antes de começar a redigir sua resposta, leia e, então, releia a questão com outros olhos! Não basta entender apenas o que está escrito no enunciado, é preciso vislumbrar o que exatamente o

Examinador espera que você responda. Pergunte-se sobre a questão "quê, quem, onde, quando, como e por quê?". Consulte rapidamente os índices temáticos e remissivos e as notas referentes aos artigos do seu *vade mecum*. Eles podem abrir sua mente para normas relacionadas ao tema da questão. Somente então passe a formular e escrever as respostas. Indique a numeração de leis, nomes das Convenções e Acordos e os artigos pertinentes ao tema. Mencione também precedentes e o entendimento dos tribunais nacionais e internacionais, se souber. Não invente! O examinador terá tempo de pesquisar sobre sua resposta. Frequentemente o examinador espera que o candidato escreva ou fale uma determinada palavra ou expressão-chave, para certificar-se de que ele sabe exatamente sobre a que tema ou a que problemas específicos a questão se refere. Descubra essa chave e a utilize na sua resposta.

Evite linguagem rebuscada ou "brega", cheia de arcaísmos, chavões ou lugares-comuns. Prefira períodos curtos e com orações objetivas e na ordem direta. Expressões em língua estrangeira são muito comuns no Direito Internacional, principalmente em latim, inglês e francês. Use apenas as nomenclaturas consagradas e se forem pertinentes ao tema. Lembre-se de que é uma prova de Direito, não de idiomas. Busque, porém, aprender a grafia e a pronúncia corretas das expressões clássicas em língua estrangeira, pois uma falha pode tirar o brilho da sua resposta.

Passada a prova subjetiva, o candidato já deve iniciar sua preparação para a prova oral. Saber que será submetido a uma avaliação oral gera uma natural ansiedade que pode abalar muito o candidato. Não se está mais "protegido" pelo anonimato das provas anteriores. Agora candidatos e examinadores têm nome, rosto e voz. Não há mais a "intimidade" de um lugar tranquilo numa sala silenciosa. Não se pode mais fazer rascunhos nem escolher a ordem das respostas. O próprio treinamento vai demonstrar, ao menos no início, que, mesmo para o candidato que chegou até essa fase e possui certamente um grande domínio jurídico, que se trata de uma habilidade singular e que precisa ser desenvolvida. Vale tudo para treinar diária e intensivamente: simulados em cursos preparatórios ou diretamente com outros candidatos, responder para familiares leigos, para a parede, para o espelho, etc. Para mim, foi muito importante reunir colegas para arguirmos uns aos outros e, também, achei útil filmar minhas respostas sozinho, para assistir e identificar tiques, vícios de linguagem, redundâncias, confusões, etc. É preciso aprender a desenvolver oralmente e de improviso uma resposta com introdução, desenvolvimento e conclusão.

A despeito de tudo isso, afirmo sem a menor dúvida que se trata da fase mais fácil do concurso. Com o treinamento intenso, o candidato perceberá, a cada dia, como seu desempenho evolui rapidamente e como passa progressivamente a dar respostas mais confiantes e adequadas, mesmo para pontos que não domina muito. No dia da prova, o nervosismo normalmente desaparece nos primeiros minutos da primeira arguição. O candidato é tratado com muita cortesia e atenção pela maior parte dos examinadores. O "clima" na prova não é adverso ao candidato. Muitos examinadores buscam tranquilizá-los e "quebrar o gelo" com uma conversa amena antes de iniciar a arguição. Mas não se engane, pois, mesmo nessa conversa, o candidato já está sendo avaliado. Seja equilibrado. Demonstre seriedade, maturidade e simpatia, sem excessos de nenhum tipo, como ironias ou brincadeiras. Um ou outro examinador assumirá uma postura mais distante, mas, mesmo esses, não estarão lá para constranger ou humilhar o candidato. Se tiver oportunidade, vá assistir às arguições orais nos turnos anteriores ao seu. O ato é aberto ao público. Conhecer o local, ver os examinadores de perto e entender a dinâmica da prova, podem ajudar a diminuir a ansiedade.

Normalmente, as entrevistas duram por volta de 15 minutos com cada examinador, podendo haver alguns intervalos entre um e outro, de modo que a prova leva uma manhã ou uma tarde inteira. A provável examinadora da nossa matéria, a Doutora Denise Neves Abade, arguiu-me na minha prova oral durante mais de 40 minutos! Mas não houve nenhum tipo de "pressão". A prova prolongou-se de forma natural e espontânea, como numa entrevista ou debate. Notei uma tendência dela em relação a questões contextualizadas com a prática de um procurador da República.

Ela iniciou algumas perguntas assim: " - Quando o senhor for procurador da República lá na fronteira com a Bolívia e deparar-se com a situação de...". Esse "quando", e não um "se", causou-me bastante confiança! Todavia, ela também fez questionamentos sobre detalhes do funcionamento de órgãos internacionais, ao que eu precisei fazer comentários genéricos sobre essa instituição, sua finalidade, seus membros e suas características, para depois confessar que não sabia a resposta exatamente. Ou seja, não há problema em dizer que não sabe a resposta, mas, antes disso, deve-se aproveitar para discorrer um pouco sobre o tema, demonstrando algum conhecimento.

Diferentemente das fases anteriores, na prova oral, os pontos do programa são sorteados logo que o candidato se senta à mesa. Sorteia-se um número que corresponde a três temas distintos (p. ex., número 7, que inclui os pontos 7.a., 7.b. e 7.c.), podendo incluir tópicos de Direito Internacional Público ou Privado. Em razão dessa circunstância, é preciso que o candidato esteja preparado para responder com segurança sobre, pelo menos, dois dos três pontos (letras) de cada item (número) do programa. Assim, todos os pontos passam a ser importantes, mas ainda não "igualmente" importantes. Os examinadores tendem a concentrar o tempo da arguição naqueles pontos que consideram mais relevantes, deixando pouco tempo ou mesmo nenhum para os temas de menor significância.

Capítulo 8

GRUPO III – DIREITO ECONÔMICO E DIREITO DO CONSUMIDOR

Higor Rezende Pessoa

1. BIBLIOGRAFIA INDICADA

A escolha do material de estudo e a maneira de utilizá-lo são questões importantes para a aprovação em concursos públicos. As decisões sobre esses itens influenciarão na fixação do conteúdo, essencial para a realização de uma boa prova, em qualquer fase.

Dessa forma, tão importante quanto escolher um bom livro é fixar o seu conteúdo e uma dica valiosa para atingir esse último objetivo é ler as mesmas fontes, quantas vezes for possível, sendo desaconselhável a mudança de material no decorrer do certame. Havendo a necessidade de aprofundar algum ponto, procura-se apenas o assunto específico em outras fontes.

Feitos esses apontamentos, passo a indicar os livros.

Considerando a situação ideal, em que há tempo para a preparação do candidato, sugiro a leitura dos seguintes manuais:

"Manual de Direito do Consumidor, À luz da jurisprudência do STJ", do autor Felipe Peixoto Braga Neto; e, "Manual de Direito Econômico", dos autores: Fabio Bensoussan e Marcus de Freitas Gouvêa, ambos da Editora JusPodivm.

Se não houver tempo disponível, indico os livros **"Sinopses para Concursos - v.31 - Direito Econômico", do autor: Danilo**

Vieira Vilela; e, "Coleção Leis Especiais para Concurso - Direito do Consumidor", do autor Leonardo De Medeiros Garcia, ambos da editora Juspodivm.

Toda a bibliografia sugerida possui linguagem clara, objetiva, trazendo as principais atualizações legislativas e jurisprudenciais. Se possível, recomendo grifar os livros ou fazer resumos, ao menos dos pontos mais importantes do edital, a fim de facilitar a revisão antes da prova. Sugiro, ainda, ler tão-somente o conteúdo disposto no edital do Ministério Público Federal.

Além da leitura dessas principais fontes, o concurso do MPF, nas matérias aqui tratadas, requer o domínio da jurisprudência (informativos e súmulas) do Superior Tribunal de Justiça – STJ e do Supremo Tribunal Federal – STF, sendo o dizerodireito[1] um bom sítio eletrônico para atualização jurisprudencial.

Para a prova objetiva, aconselho o estudo dos informativos do último ano e do ano em que a prova será aplicada, ressaltando-se as decisões de maior repercussão social, as quais costumam ser cobradas em todas as fases da concorrência, com diferentes abordagens.

Na primeira fase do certame, basta conhecer as conclusões dos julgados. Entretanto, a subjetiva e a oral exigem o estudo dos motivos determinantes das principais decisões. Temas de interesse institucional do Ministério Público Federal também devem ser estudados, ainda que pendentes de julgamento. Nesse caso, a busca de conteúdo se concentra no exame de petições iniciais e pareceres ofertados pelo MPF ao Supremo Tribunal Federal em ações de controle concentrado ou Recurso Extraordinário com repercussão geral reconhecida, por exemplo.

Recomendo ainda a leitura das principais leis cobradas nas provas, a saber: lei 8.078/1990 (Código de Defesa do Consumidor - CDC); lei 12.529/2011 (Sistema Brasileiro de Defesa da Concorrência - SBDC); leis das principais Agências Reguladoras, quais sejam: lei 9.472/1997 (Agência Nacional de Telecomunicações – ANATEL); lei 9.427/1996 (Agência Nacional de Energia Elétrica – ANEEL); lei 9.961/2000 (Agência Nacional de Saúde Suplementar – ANS);

1. http://www.dizerodireito.com.br

lei 9.984/2000 (Agência Nacional de Águas – ANA); lei 9.782/1999 (Agência Nacional de Vigilância Sanitária) e lei 10.233/2001 (Agência Nacional de Transportes Terrestres - ANTT e Agência Nacional de Transportes Aquaviários – ANTAQ).

A leitura das leis das Agências Reguladoras, por ser extensa, deverá priorizar, minimamente, a compreensão das respectivas atribuições e Ministério supervisor a que estão vinculadas. No exame do Código de Defesa do Consumidor e da lei que institui o Sistema Brasileiro de Defesa da Concorrência, o alerta é para os pontos mais cobrados nas últimas provas, conforme demonstro a seguir.

Para a prova objetiva, aconselha-se grifar, na lei, aquilo que foi mais cobrado nos últimos concursos, facilitando a revisão. Para a segunda fase, os diplomas legislativos devem estar destacados no código, a fim de facilitar a pesquisa na ora da prova.

2. CURSOS

Frequentar curso preparatório, presencial ou on-line, demanda tempo, razão pela qual o candidato deverá fazer um juízo equilibrado da relação custo/benefício. A predileção é pela leitura do material selecionado, incluindo a sua revisão. Caso se decida pela realização de um curso, recomendo o AlcanceConcursos[2], pela comidade de poder ser acessado via internet, além de possuir um corpo docente competente.

3. ANÁLISE DA BANCA EXAMINADORA

Nos últimos certames para o cargo de Procurador da República, os examinadores das disciplinas Direito Econômico e do Consumidor foram indicados pela Ordem dos Advogados do Brasil. No 25° Concurso, o membro indicado pela OAB foi Túlio Freitas do Egito Coelho. No 26°, 27° e 28° CPR, a examinadora dessas matérias foi a advogada Daniela Rodrigues Teixeira. Para o 29° CPR, foram designados os advogados Carolina Louzada Pctrarca e Guilherme Pupe da Nóbrega, titular e suplente, respectivamente.

2. http://www.alcanceconcursos.com.br

4. ANÁLISE DAS PROVAS OBJETIVAS

Separado o material, deve-se saber o que priorizar nos estudos, e aqui entram em cena duas análises importantes, quais sejam: i) dos assuntos mais cobrados nas últimas provas; ii) das dificuldades pessoais do candidato.

Uma forma interessante de analisar as dificuldades pessoais é fazer as provas objetivas dos concursos anteriores, antes de partir para os livros. Ao terminá-las, ter-se-á uma noção dos assuntos mais cobrados e de maior complexidade para o candidato.

Abaixo encontram-se em destaque os temas mais exigidos, conforme análise detalhada das últimas provas objetivas do Ministério Público Federal (MPF, 25º, 26º, 27º, 28º e 29º CPR).

É recomendável o exame cuidadoso de todos os pontos do edital que foram selecionados.

MUITO IMPORTANTE	Direito Econômico 1.b. Ordem econômica e atividade econômica. Princípios constitucionais. (MPF, 26°, 27°**,** 28° **e 29°** CPR) 2. a. Mercados regulados. Serviços públicos federais. Papel dos órgãos supervisores e agências reguladoras. Modelo brasileiro de agências reguladoras: principais características. Poder regulatório e fiscalizatório. Defesa do consumidor. (MPF, 25°, 26°, 27° e 28° CPR) 6. a. Abuso do poder econômico: prevenção, procedimentos. (MPF, 25°, 26° e 28° CPR) 7. c. Condutas anticoncorrenciais: acordos verticais e acordos horizontais. (MPF, 25° e 26° CPR). 8. b. Cartéis. (MPF, 25°, 26°, 28° CPR) Direito do Consumidor. 9.b. A responsabilidade solidária dos causadores do dano. (MPF, 26°, 27°, 28° CPR) 13. a. Sistema Nacional de Defesa do Consumidor (SNDC). (MPF, 25°, 26°, 27° CPR) c. A responsabilidade civil pelo fato e pelo vício do produto. (MPF, 26°, 27°, 28°**, 29**° CPR)
RELEVANTE	**Direito Econômico** 8. a. Abuso do poder econômico: domínio de mercados e eliminação da concorrência. **(MPF, 25° e 26° CPR)** 9. a. Abuso do poder econômico: aumento arbitrário de preços. **(MPF, 25° e 26° CPR).** c. Concentração econômica. Monopólios privados, oligopólios e trustes **(MPF, 25° e 26° CPR)**

RELEVANTE	12. a. Mercado Comum do Sul (MERCOSUL). Natureza jurídica. Propósito, princípios e instrumentos. b. Solução de controvérsias entre Estados Partes. **(MPF, 26°, 28° e 29° CPR)** **Direito do Consumidor** 13. a . Princípios e direitos básicos da Lei nº 8.078/1990. b. O direito do consumidor na prestação de serviços públicos. c. A decadência e a prescrição aplicadas às relações de consumo. **(MPF, 26°, 27°, 29° CPR)**
RESIDUAL	**Direito Econômico** 1. a . Competência legislativa. **(MPF, 28° CPR)** 2.b. Regimes jurídicos e sistemas regulatórios das telecomunicações, energia elétrica **(MPF, 28° CPR)** 3.b. Recursos minerais. Jazidas. Propriedade. Exploração e aproveitamento. Autorização e concessão. Limites. Interesse nacional.**(MPF, 26° CPR)** 3. c. Intervenção estatal no domínio econômico. **(MPF, 26° CPR)** 4. a. Empresas estatais prestadoras de serviços públicos. Regime jurídico. b. Empresas estatais exploradoras de atividade econômica: regime jurídico. **(MPF, 27° CPR)** 5. c. O papel do Ministério Público na defesa da concorrência e no combate às infrações contra a ordem econômica. O MPF junto ao CADE. **(MPF, 28°, 29° CPR)** 7. a. Abuso do poder econômico: instrumentos de repressão. Processo e procedimentos administrativos. **(MPF, 28° CPR)** 2. c. A regulação do mercado de capitais: CVM **(29° CPR)** **Direito do Consumidor.** 13. b. A proteção à saúde e à segurança do consumidor. **(MPF, 27° CPR)** 11. a. Marco Civil da Internet. privacidade de dados vs. segurança. Neutralidade de Rede **(MPF, 29° CPR)**

Pela análise cuidadosa das provas objetivas dos certames anteriores (25°, 26°, 27°, 28° e 29° CPR), também foi possível eleger outros assuntos que demandam exame aprofundado do pretendente ao cargo de Procurador da República.

Em Direito Econômico, é indispensável o domínio dos temas "livre concorrência e livre iniciativa", presentes em todos os certames. Igualmente relevante é o estudo relacionado ao Sistema Brasileiro de Defesa da Concorrência – SBDC (lei 12.529/2011), razão pela qual é aconselhável a leitura vigilante do seguinte conteúdo: i) mercado relevante, ii) posição dominante, iii) monopsônio, iv) monopólio natural; v) infrações à ordem econômica; vi) composição do SBDC e atribuições do Conselho Administrativo de Defesa Econômica - CADE e da Secretaria de Acompanhamento Econômico do Ministério da Fazenda; vii) principais inovações trazidas pela 12.529/2011, em comparação com a revogada lei 8.884/1994[3] (foi cobrado recentemente)[4]; viii) diferença entre o âmbito de aplicação do Código de Defesa do Consumidor e do Sistema Brasileiro

---

3. A título de exemplo. Quanto ao Ministério Público Federal perante o Cade, a nova legislação manteve a presença de um membro do MPF, designado pelo Procurador-Geral da República, ouvido o Conselho Superior, com a atribuição de emitir parecer, nos processos administrativos para imposição de sanções administrativas por infrações à ordem econômica. Entretanto, foi excluída a previsão de que o Cade poderia requerer ao MPF que promovesse a execução de seus julgados ou do compromisso de cessação (parágrafo único do art. 12, da Lei 8.884/94), que, pela nova Lei, é da Procuradoria Federal especializada que funcionará junto ao Cade (art. 15, III, da Lei 12.529/2011). A nova lei permitiu a atuação de ofício do CADE no controle estrutural e formalizou o Sistema Brasileiro de Defesa da Concorrência- SBDC, composto pelo Conselho Administrativo de Defesa Econômica - CADE (com nova constituição) e pela Secretaria de Acompanhamento Econômico do Ministério da Fazenda – SEAE. Quanto a segurança jurídica, o novel diploma trouxe o controle prévio de concentrações e previu a prescrição intercorrente no caso de procedimento administrativo paralisado por mais de 3 (três) anos. Há de se apontar ainda, a ampliação do mandato do Presidente e dos Conselheiros de 2 (dois) para 4 (quatro) anos, prevendo quarentena de 120 dias para que possam representar pessoas ou interesses no SBDC, após deixarem suas funções, período em que continuarão recebendo a remuneração do cargo. O Presidente do Tribunal Administrativo de Defesa Econômica representa legalmente o Cade também no exterior, podendo firmar contratos e convênios com organismos estrangeiros ou internacionais, devendo, no entanto, submetê-los previamente ao Ministro da Justiça. No caso de contratos e convênios com órgãos ou entidades nacionais não existe a obrigatoriedade de aprovação prévia pelo Ministro da Justiça. A atual legislação prevê que, nos crimes contra a ordem econômica (Lei 8.137/90), a celebração de acordo de leniência acarreta a suspensão da prescrição penal, impedindo o oferecimento da denúncia. Uma vez cumprido o acordo, extingue-se automaticamente a punibilidade. A principal inovação, nesse ponto, foi a extensão dos benefícios processuais penais decorrentes do acordo (não oferecimento da denúncia, suspensão do processo e extinção da punibilidade) para os crimes contra as Licitações (Lei 8.666/93) e para delito de associação criminosa (art. 288, CP).

4. **(MPF. 28° CPR) 68.A LEI 12.529/2011, QUE ESTRUTURA O SISTEMA BRASILEIRO DA CONCORRÊNCIA, INOVOU O DIREITO ANTITRUSTE BRASILEIRO AO PREVER QUE:(gabarito, letra c)**

de Defesa da Concorrência (por exemplo, já caiu a diferença da venda-casada no CDC e no SBDC)[5]; ix) programa de leniência.

No tópico "agências reguladoras", foi cobrado o assunto "des-legalização", exigível em qualquer fase do concurso[6]. A leitura do

---

a) ( ) O conceito de mercado relevante para verificação do abuso de poder econômico passou a ser definido objetivamente pela dimensão geográfica e territorial onde o produto ou serviço e vendido ou prestado.

b) ( ) Serão submetidos ao Conselho Administrativo de Defesa Econômica - CADE os atos de concentração econômica entre grupos que detenham conjuntamente mais de 30% do mercado e faturamento bruto anual mínimo de R$ 100 milhões registrados no último balanço.

c) (X) O controle dos atos de concentração será prévio, impedindo a criação de fatos consumados que gerem dificuldades econômicas e sociais para o desfazimento do negócio e a sua reversão.

d) ( ) Não há prazo preclusivo para o controle do ato de concentração pelo Conselho Administrativo de Defesa Econômica - CADE, possibilitando a análise minuciosa de todas as variáveis e condicionantes da operação.

5. **(MPF, 25° CPR) 62. A PRÁTICA ILÍCITA CONHECIDA COMO "VENDA-CASADA", PREVISTA TANTO NO ART. 21, XXIII, DA LEI ANTITRUSTE, COMO NO ART.39,I, DO CÓDIGO DO CONSUMIDOR: (gabarito, letra b)**

a) ( ) É rigorosamente o mesmo ilícito, podendo ser punida alternativamente por uma ou por outra Lei.

b) (X) É distinta em uma e outra lei, pois pressupõe abuso de poder de mercado, na Lei Antitruste, enquanto que não tem tal pressuposto no Código do Consumidor.

c) ( ) É distinta em uma e outra lei, em função da competência distinta das autoridades incumbidas de investigar e punir.

d) ( ) Nenhuma das alternativas acima está correta.

6. **(MPF, 28° CPR) 63. AS AGÊNCIAS REGULADORAS FORAM CRIADAS COM A FINALIDADE DE NORMATIZAR OS MERCADOS ECONÔMICOS E EQUILIBRAR AS RELAÇÕES ENTRE OS AGENTES. COM FUNDAMENTO NA LEI, NA DOUTRINA ESPECIALIZADA E NA JURISPRUDÊNCIA DO SUPREMO TRIBUNAL FEDERAL PODE-SE AFIRMAR QUE: (gabarito, letra a)**

a) (X) A independência das agências reguladoras é mitigada pelo controle de juridicidade prévio exercido pelas suas procuradorias, que são vinculadas a Advocacia-Geral da União; pela possibilidade de reexame "a ***posteriori***" de seus atos pelo Poder Judiciário; pela vinculação de seu poder normativo a lei; e, pelo controle financeiro realizado pelo Tribunal de Contas;

b) ( ) A autonomia financeira e administrativa das agências se caracterizam pela liberdade de gestão, sendo-lhes permitido arrecadar receitas próprias e organizar suas despesas, sem ingerência dos Poderes Executivo ou Legislativo nos aspectos financeiros e contábeis das despesas relativas às atividades meio e fim;

c) ( ) O sistema constitucional brasileiro não adota o ***princípio da deslegalização.*** Nesse sentido, o Supremo Tribunal Federal declarou inconstitucional o poder normativo delegado às Agências reguladoras, impedindo-as de editar atos que

art. 20 da Constituição Federal (bens da União) e do entendimento do Supremo Tribunal Federal a respeito da recepção dos tratados internacionais também é recomendável[7].

No que se refere a Direito do Consumidor, as questões sobre as "práticas abusivas previstas no Código de Defesa do Consumidor e Banco de dados e cadastro de consumo" devem ser consideradas relevantes pelos concursandos.

5. SUGESTÕES DE ASSUNTOS PARA O PRÓXIMO CONCURSO

Quanto aos pontos que podem ser questionados no próximo certame, destaco, em Direito Econômico, o programa de leniência (art. 86 e 87 da lei 12.529/2011)[8]. O concorrente deve ficar atento

---

normatizem obrigações a serem observadas pelos entes que compõem o mercado regulado;

d) ( ) No plano Federal as agências reguladoras estão previstas no texto constitucional e foram constituídas como autarquias, integrantes da administração direta, vinculadas a Presidência da República, com subordinação hierárquica entre elas e o Ministério competente para tratar da respectiva atividade.

7. **(MPF, 28º CPR) 65. SOBRE O MERCADO COMUM DO SUL (MERCOSUL) E CORRETO AFIRMAR QUE: (gabarito, letra d)**

a) ( ) Para ser considerado originário de um Estado Parte e obter os benefícios aduaneiros do MERCOSUL o produto deve ter a proporção máxima de 49% de materiais importados de terceiros países em relação ao seu valor total;

b) ( ) A Área de Livre Residência acordada em 2009 prevê que os cidadãos nascidos no Brasil, Argentina, Paraguai e Uruguai não precisam de visto para transitar entre estes países, podem estabelecer residência por tempo indeterminado e podem trabalhar em qualquer país do MERCOSUL, sem a necessidade de formalidades burocráticas, com os mesmos direitos de um cidadão nacional;

c) ( ) A decisão judicial proferida no Chile não necessita de homologação mediante carta rogatória para ser exequível no Brasil, pois o Protocolo de *Las Lenhas* prevê a cooperação e assistência jurisdicional em matéria civil, comercial, trabalhista e administrativa entre os Estados Partes e Associados do MERCOSUL;

d) (X) No Brasil, o Supremo Tribunal Federal não consagra o princípio monista de recepção plena e aplicabilidade imediata dos tratados e protocolos do MERCOSUL. A jurisprudência do STF adota um posicionamento dualista moderado que prevê a necessidade de procedimento específico de internalização das regras do direito internacional ao ordenamento jurídico brasileiro.

8. Art. 86. O Cade, por intermédio da Superintendência-Geral, poderá celebrar acordo de leniência, com a extinção da ação punitiva da administração pública

ou a redução de 1 (um) a 2/3 (dois terços) da penalidade aplicável, nos termos deste artigo, com pessoas físicas e jurídicas que forem autoras de infração à ordem econômica, desde que colaborem efetivamente com as investigações e o processo administrativo e que dessa colaboração resulte: I - a identificação dos demais envolvidos na infração; e II - a obtenção de informações e documentos que comprovem a infração noticiada ou sob investigação. § 1º O acordo de que trata o caput deste artigo somente poderá ser celebrado se preenchidos, cumulativamente, os seguintes requisitos: I - a empresa seja a primeira a se qualificar com respeito à infração noticiada ou sob investigação; II - a empresa cesse completamente seu envolvimento na infração noticiada ou sob investigação a partir da data de propositura do acordo; III - a Superintendência-Geral não disponha de provas suficientes para assegurar a condenação da empresa ou pessoa física por ocasião da propositura do acordo; e IV - a empresa confesse sua participação no ilícito e coopere plena e permanentemente com as investigações e o processo administrativo, comparecendo, sob suas expensas, sempre que solicitada, a todos os atos processuais, até seu encerramento. § 2º Com relação às pessoas físicas, elas poderão celebrar acordos de leniência desde que cumpridos os requisitos II, III e IV do § 1º deste artigo. § 3º O acordo de leniência firmado com o Cade, por intermédio da Superintendência-Geral, estipulará as condições necessárias para assegurar a efetividade da colaboração e o resultado útil do processo. § 4º Compete ao Tribunal, por ocasião do julgamento do processo administrativo, verificado o cumprimento do acordo: I - decretar a extinção da ação punitiva da administração pública em favor do infrator, nas hipóteses em que a proposta de acordo tiver sido apresentada à Superintendência-Geral sem que essa tivesse conhecimento prévio da infração noticiada; ou II - nas demais hipóteses, reduzir de 1 (um) a 2/3 (dois terços) as penas aplicáveis, observado o disposto no art. 45 desta Lei, devendo ainda considerar na gradação da pena a efetividade da colaboração prestada e a boa-fé do infrator no cumprimento do acordo de leniência. § 5º Na hipótese do inciso II do § 4º deste artigo, a pena sobre a qual incidirá o fator redutor não será superior à menor das penas aplicadas aos demais coautores da infração, relativamente aos percentuais fixados para a aplicação das multas de que trata o inciso I do art. 37 desta Lei. § 6º Serão estendidos às empresas do mesmo grupo, de fato ou de direito, e aos seus dirigentes, administradores e empregados envolvidos na infração os efeitos do acordo de leniência, desde que o firmem em conjunto, respeitadas as condições impostas. § 7º A empresa ou pessoa física que não obtiver, no curso de inquérito ou processo administrativo, habilitação para a celebração do acordo de que trata este artigo, poderá celebrar com a Superintendência-Geral, até a remessa do processo para julgamento, acordo de leniência relacionado a uma outra infração, da qual o Cade não tenha qualquer conhecimento prévio. § 8º Na hipótese do § 7º deste artigo, o infrator se beneficiará da redução de 1/3 (um terço) da pena que lhe for aplicável naquele processo, sem prejuízo da obtenção dos benefícios de que trata o inciso I do § 4º deste artigo em relação à nova infração denunciada. § 9º Considera-se sigilosa a proposta de acordo de que trata este artigo, salvo no interesse das investigações e do processo administrativo. § 10. Não importará às questões básicas desse tema, quais sejam: requisitos exigidos pela lei 12.529/2011 para celebração do acordo de leniência; autoridade competente para a celebração e com quem se pode celebrar o acordo; efeitos jurídicos relacionados à: i) celebração, ii) cumprimento ou iii) rejeição do acordo). A participação do Ministério Público Federal como titular da ação penal na celebração do acordo de leniência também é um assunto relevante.

Além disso, destaco o estudo da prova emprestada, tanto a derivada de processo criminal para ser usada em processos administrativos perante o CADE, quanto a que procede do processo administrativo instaurado pelo CADE, para ser usada em processo criminal. Aqui é importante o exame do instituto da colaboração premiada (lei 12.850/2013) e sua interseção com o acordo de leniência.

Em relação a Direito do Consumidor, sugiro a leitura dos novos pontos do edital "11. a: Marco Civil da Internet. privacidade de dados vs. segurança. Neutralidade de Rede". Outros assuntos podem ser cobrados, como: i) franquias e corte de Internet; ii) tutela coletiva em Juízo e controle difuso de constitucionalidade nas ações coletivas de consumo.

6. PROVAS DISCURSIVAS E ORAIS

Preliminarmente, na realização da prova subjetiva, é importante que o candidato respeite o limite descrito para a resolução

---

em confissão quanto à matéria de fato, nem reconhecimento de ilicitude da conduta analisada, a proposta de acordo de leniência rejeitada, da qual não se fará qualquer divulgação. § 11. A aplicação do disposto neste artigo observará as normas a serem editadas pelo Tribunal. § 12. Em caso de descumprimento do acordo de leniência, o beneficiário ficará impedido de celebrar novo acordo de leniência pelo prazo de 3 (três) anos, contado da data de seu julgamento.
Art. 87. Nos crimes contra a ordem econômica, tipificados na Lei no 8.137, de 27 de dezembro de 1990, e nos demais crimes diretamente relacionados à prática de cartel, tais como os tipificados na Lei no 8.666, de 21 de junho de 1993, e os tipificados no art. 288 do Decreto-Lei nº 2.848, de 7 de dezembro de 1940 - Código Penal, a celebração de acordo de leniência, nos termos desta Lei, determina a suspensão do curso do prazo prescricional e impede o oferecimento da denúncia com relação ao agente beneficiário da leniência. Parágrafo único. Cumprido o acordo de leniência pelo agente, extingue-se automaticamente a punibilidade dos crimes a que se refere o caput deste artigo.

da questão, bem como pontue, de forma objetiva e clara, os pontos que devem ser respondidos.

Nessa fase, deve-se tomar cuidado especial com o tempo. A fim de aumentar sensivelmente as chances de aprovação, o candidato tem que responder todas as questões.

A prova subjetiva do MPF nas matérias Direito Econômico e Consumidor costuma cobrar os assuntos alinhavados acima, além de outros, comentados a seguir, sempre acompanhados de questões que exigem conhecimento dos principais julgados do STF e STJ.

Como já ressaltado, nesse momento, o estudo dos motivos determinantes das principais decisões dos tribunais superiores tem que se transformar em capacidade argumentativa e demonstração de domínio amplo da matéria. A citação de doutrina especializada igualmente é bem-vinda nessa fase. Referências a literatura, filosofia, história e direito comparado, desde que guardem pertinência com a pergunta e a resposta, também podem ser utilizadas.

Abaixo, far-se-á uma análise de todas as provas subjetivas dos últimos concursos (25°, 26°, 27°, 28° e 29° CPR).

Em Direito Econômico, destacam-se as seguintes questões:

25° CPR. Caracterização do abuso de posição dominante, sob a perspectiva da Lei nº 8.884/94 (revogada pela Lei 12.529/2011).

26° CPR. Diferença, segundo a jurisprudência do Supremo Tribunal Federal, entre empresas estatais prestadoras de serviço público e as que desenvolvem atividade econômica.

27° CPR. Características das agências reguladoras: independência orgânica e administrativa; regime de pessoal dos dirigentes, do corpo técnico e da procuradoria; poder normativo.

29° CPR. Relação entre parcela de mercado, poder derivado, baixo índice de elasticidade cruzada como critérios para aferição de posição dominante.

Quanto a Direito do Consumidor:

25° CPR. Prescrição e decadência. Examine as distinções existentes entre ambos os institutos, a partir de seus efeitos. Enumere, justificando sucintamente, 3 (três) relações jurídicas incompatíveis, pela sua natureza, com os dois institutos. 25° CPR. Explique a teoria da aparência e sua respectiva aplicação, sob o enfoque do direito do consumidor.

26° CPR. Aplicação do CDC, segundo a Jurisprudência do Superior Tribunal de Justiça, aos contratos de i) franquia; ii) mútuo vinculado ao Sistema Financeiro de Habitação; iii) compra e venda de adubo agrícola; iv) seguro; v) entre condômino e condomínio.

27° CPR. Aplicação do CDC aos usuários de serviços públicos.

28° CPR. Comércio eletrônico e direitos do consumidor: compra e venda de produtos realizados pela internet; legitimidade ativa para as ações coletivas; legitimidade passiva quando há vício ou fato do produto; direito de arrependimento; responsabilidade pela despesa decorrente pela devolução do produto. 28° CPR. Ato de concentração, aquisição, fusão de instituição integrante do Sistema Financeiro Nacional. Controle estatal pelo BACEN ou CADE. Posição do BACEN, CADE, STF, STJ, MPF e AGU e da doutrina.

29° CPR. Direitos individuais homogêneos e o papel do MPF na defesa do consumidor via Ação Civil Pública, à luz da lei, doutrina e jurisprudência do STJ.

Por último, chegando à fase oral, é hora de buscar expressar, verbalmente, os conhecimentos jurídicos adquiridos. Aqui será exigido do candidato fluência, domínio dos pontos do edital sorteado e comportamento corporal sereno.

A prova oral do MPF funciona por sorteio de pontos na hora da arguição do candidato. Nessa fase, deve-se saber, ao menos, os conceitos básicos de todos os pontos do edital, agregando a eles a bagagem adquirida ao longo do certame, treinando, o quanto puder, a verbalização e a gesticulação das respostas.

Para isso, a constituição de um grupo de estudo, com o fim de realizar arguições periódicas, é de suma importância. Recomendo a realização de simulados em cursos jurídicos para testar o conhecimento em ambiente sujeito a pressão emocional (lembre-se que é melhor errar antes da prova e ter tempo para corrigir).

Capítulo 9

GRUPO III – DIREITO CIVIL

Fabiana Keylla Schneider

1. BIBLIOGRAFIA INDICADA

O estudo para concurso é uma construção diária, absorvendo novos conhecimentos e consolidando os já adquiridos, dia após dia. Não existe mágica. Existe dedicação! Se afligir com a quantidade de matérias a serem estudadas é normal, mas não pode ter o efeito paralisante. Comece os estudos o quanto antes e após um período de esforço planejado será possível ver a evolução.

Grande parte do sucesso em concursos públicos decorre de um bom planejamento do candidato. Esse planejamento (que inclui a organização de um calendário com a especificação das matérias a serem estudadas na semana ou no dia) deve ser acompanhado da priorização dos temas e pontos do edital a serem estudos e vencidos, bem como da eleição do material a ser lido e consultado.

Em uma disciplina tão extensa como Direito Civil (e já pensando em todo o edital a ser vencido), a leitura de manuais pode não ser a melhor opção, a depender do tempo investido (e disponível) e do planejamento para se preparar para um concurso público. O concurso para ingresso na carreira de Procurador da República não é diferente.

Àqueles que já estão fazendo um curso preparatório anual ou semestral, o material/apostila formado pelo estudante é o melhor conteúdo para estudo. Ele deve ser a base a partir da qual o estudante partirá para mergulhos mais profundos. É nesse material que devem ser reunidas todas as informações essenciais para revisão, principalmente quando o edital do concurso foi lançado. Ou seja, precedentes importantes dos Tribunais, súmulas e súmulas vinculantes, enunciados, remissões a outros textos normativos, anotações sobre posicionamentos de juristas, indicação de artigos e livros e tudo o mais que for relevante para a matéria.

Para a fase objetiva, valem as dicas ditas e repetidas por muitos: leia o texto da lei, informativos e súmulas.

É certo que as provas de concursos do MPF não têm o perfil "texto de lei". Contudo, conhecer a literalidade do texto legal vai ajudar bastante na compreensão da matéria, além de dar segurança ao candidato na resolução de questões objetivas. Ler o Código Civil inteiro leva muito tempo, por isso, o ideal é priorizar temas, como veremos nos itens 2 e 3.

Nas provas objetivas do MPF, especificamente quanto a Direito Civil, desde o 25º concurso tem sido exigido muito texto de lei e matérias não convencionais para a área federal, como sucessão (foi objeto de questão específica na prova de Civil do 29º CPR – questão 78), casamento e títulos de crédito. Então, reitero a importância de ler o Código Civil e a legislação especial exigidos no edital. Todavia, a partir do 27º CPR é possível notar uma tímida inclinação à exigência de posicionamentos do STJ. E, considerando a alteração do edital para o 29º CPR, com a inclusão de temas correlatos à constitucionalização do Direito, é bem possível que essa tendência de exigir do candidato o conhecimento da posição dos Tribunais cresça.

De outro lado, Direito Civil não tem o perfil de ser uma das provas mais difíceis do certame.

O material de cursinho somado aos itens acima indicados já absorverão um grande tempo do concursando. Por isso, deixe para consultar manuais em relação aos temas específicos e que exijam aprofundamento, ou seja, aqueles que podem fazer a diferença nas fases subjetiva e oral.

De toda forma, nunca é possível ler tudo ou mesmo sobre tudo. O mais importante não é a quantidade de livros lidos ou o autor, mas sim o conteúdo que se consegue dele extrair e absorver. Por isso, repito a dica: mantenha um bom material de cursinho. Quanto a temas mais importantes, busque uma leitura complementar. Faça um pequeno resumo dessa leitura e incorpore ao seu material de estudos. Caso não seja possível ler a íntegra, leia ao menos capítulos para conhecer o pensamento do autor, fixar a ideia e utilizá-la oportunamente.

Nos meus estudos, sempre optei por me manter fiel ao material que elaborava, complementado pelas decisões dos Tribunais e leitura de textos sobre temas específicos que poderão embasar respostas a perguntas dos mais variados matizes.

Farei indicação de textos e livros complementares, nos itens 2 e 3, àqueles que puderem se dedicar à leitura de livros e manuais. Vamos a eles:

- FARIAS, Cristiano Chaves de. ROSENVALD, Nelson. Curso de Direito Civil. Ed. Juspodivm.
- PAMPLONA FILHO, Rodolfo. GAGLIANO, Pablo Stolze. Novo Curso de Direito Civil. Ed. Saraiva.

Ambos os cursos são bastante completos e atualizados, além de trazerem um vocabulário rico e o inafastável viés do Direito Civil Constitucional.

Há, ainda, muitos sites com precioso conteúdo a ser pesquisado e acompanhado, e que facilitarão a vida do concursando na pesada rotina de atualização das novidades legislativas e decisões de tribunais. Bons exemplos são:

- Dizer o Direito (http://www.dizerodireito.com.br/): além de acompanhar os informativos do STJ e STF, as principais novidades legislativas e julgados relevantes, é possível ter excelentes explicações sobre a temática decidida.
- Edilson Vitorelli (http://www.edilsonvitorelli.com/): o site traz dicas de concurso, informações sobre a banca e aborda temas bastante interessantes. Também indico o cursinho preparatório ministrado pelo colega Edilson Vitorelli, para a fase oral do MPF, pois é feita uma simulação da prova somada a dicas preciosas para a derradeira fase do concurso.

Quanto aos cursinhos, eleja algum de médio prazo (anual ou semestral).

Cursinho "reta final" apenas vale para quem já possui razoável domínio da matéria e pretende relembrar ou atualizar alguns pontos.

Sobre a examinadora de Direito Civil, desde o 25º CPR tem sido a Subprocuradora geral da República, Sandra Cureau, o que pode se manter no 30º. Inegavelmente, sua predileção acadêmica é o tema ligado a patrimônio cultural. Contudo, tal preferência não tem se refletido nas provas do MPF, como será possível verificar no diagnóstico a seguir apresentado.

O edital do 29º sofreu significativas mudanças, absorvendo um conteúdo mais constitucionalizado de civil. Saíram matérias muito exploradas nas provas objetivas anteriores, como títulos de crédito e sucessões. Em contrapartida, foram incluídos a Lei de Introdução às Normas do Direito Brasileiro, especificamente o item de Direito Civil Constitucional, as novas modalidades de família e de filiação, dentre tantos outros (ver tabela do item 2). Considerando que o edital do 30º CPR ainda não foi publicado, é necessário estar atento a eventuais novas mudanças.

Em Direito Civil, desde o 27º CPR passou a ser exigido o posicionamento do STJ em questões objetivas (na fase subjetiva, o entendimento de Tribunais sempre foi importante). Considerando essa tendência somada à alteração do edital, acredito que a prova objetiva passe a exigir um pouco mais da posição jurisprudencial.

De outro lado, continua sendo crucial o estudo do texto de lei, que também deve continuar sendo exigido, principalmente em relação a temas menos usuais, como ocorreu em todas as outras provas, desde o 25º concurso.

2. ANÁLISE DAS PROVAS OBJETIVAS

Como dito anteriormente, a leitura do texto da lei é importantíssima para a fase objetiva de Direito Civil na prova do concurso para Procurador da República. Por isso, manter um vade mecum como extensão da apostila de estudos é de grande utilidade. Para que haja maior robustez no estudo do texto legal, é importante fazer anotações de súmulas correspondentes ao dispositivo lido, julgados mais importantes ou mesmo divergências. Grifar as especificidades do dispositivo também ajudará na sua memorização.

Certo é que a preparação para um concurso público exige um bom planejamento. Não importa quanto tempo o candidato tem para estudar. O importante é fazer bom uso desse tempo.

A melhor maneira de se planejar é a partir do edital do concurso, ainda mais quando já há data para o início das provas. Nesse caso, destaque as matérias mais importantes, de acordo com o planejamento apresentado no quadro abaixo e divida pelos dias das semanas que antecedem a primeira prova. Aquilo que for muito importante deve, necessariamente, ser estudado. O que é relevante deve integrar o planejamento e o candidato envidará todos os esforços para exaurir esses pontos. O residual será estudado se possível.

Para a primeira fase, tente exaurir ao menos os textos de lei referentes aos itens do edital, assim como as súmulas correspondentes. Complemente os estudos com as apostilas de estudos e informativos.

Além da leitura do material, é imprescindível resolver as provas anteriores. E mais importante que isso, corrigir e verificar em cada uma das assertivas os fundamentos para estar certa ou errada.

O viés do Direito Civil Constitucional deverá permear todas as fases da prova de direito civil. Por isso, é importante dar atenção a esse tema e entender o processo de constitucionalização do direito, principalmente o contexto histórico a repercussão sobre os institutos jurídicos.

A seguir, uma análise de cada item do edital, com a respectiva periodicidade que foram cobrados na primeira fase desde o 25º concurso para Procurador da República.

MUITO IMPORTANTE (em negrito, novidades do edital)

PONTO DO EDITAL	CPR que exigiu o ponto e o nº da questão	OBSERVAÇÕES
1.a. Decreto-Lei nº 4.657/1942 (Lei de Introdução às Normas do Direito **Brasileiro).** Fontes do direito. **Complexidade do ordenamento jurídico. Diálogo entre as fontes normativas. Direito Civil Constitucional. Eficácia dos tratados internacionais para o Direito Civil.**	26º CPR (80); 27º CPR (71)	A LINDB não constava dos editais anteriores, contudo, possui regras e normas que seguem o perfil de provas anteriores. É muito importante ler a íntegra do Decreto-lei.

PONTO DO EDITAL	CPR que exigiu o ponto e o nº da questão	OBSERVAÇÕES
1.b. As obrigações quanto às suas modalidades.	25º CPR (78); 26º CPR (74, a); 28º CPR (71)	O tema "obrigações" é **um dos temas mais fortes para a fase objetiva**. Ver item 9.b.
2.b. Contratos em geral. Novos princípios do direito dos contratos.	25º (79, II); 27 (80, a); 28º (78)	Apesar de o item tratar de "contratos em geral" e dar a impressão de exigir apenas a parte geral de contratos, já foi objeto de questão o tema "doação" por duas vezes.
2.c. Posse e propriedade. Aquisição, efeitos, perda e limitações constitucionais. **Propriedade rural e propriedade urbana. Acesso à terra e direito de moradia.** **Conflitos entre posse e propriedade. Função social da posse e da propriedade.**	25 (75, I); 27 (77, II), 29º (77)	Ambas as questões exigiram o tema "aquisição da propriedade imóvel", especificamente acessão.
3.a. **Capacidade civil. Lei nº 13.146/2015 (Estatuto da Pessoa com Deficiência). A proteção dos interesses dos incapazes e o papel do Ministério Público. Aspectos materiais e processuais.** Interdição, tutela e curatela.	25º (74, a, d); 28º (74, a; 80, a), 29º (79, II, 80)	Tutela e curatela são os temas que mais foram exigidos desse ponto. Atenção para a Lei 13.146/2015.
4.a. Os bens. **Classificações. O patrimônio. Bens inapropriáveis. Bens impenhoráveis. Bem de família.**	26º (71); 28º (74, c), 29º (79, III)	Bens é uma matéria bastante explorada e típico tema para prova objetiva de concurso público. Há diversas sutilezas no texto legal a serem observadas e memorizadas.
5.a. As pessoas naturais. Direitos da personalidade. **A dignidade humana e seus corolários no âmbito do Direito Civil. Teoria do mínimo existencial. O direito ao nome. Hipóteses de mutabilidade do nome civil. Nome social.**	25º (72, 76), 29º (71, 75)	Direitos da personalidade e nome são bons temas para provas objetivas. Quanto aos demais (e direitos da personalidade): excelentes para a fase subjetiva.

PONTO DO EDITAL	CPR que exigiu o ponto e o nº da questão	OBSERVAÇÕES
6.a. Fatos jurídicos, atos jurídicos e negócios jurídicos. **Elementos e requisitos. Manifestação e interpretação das declarações de vontade. Condição, termo e encargo.**	26º (73, II), 28º (80, c)	Destaque para a condição, o termo e o encargo.
7.a. Prescrição e decadência. Enriquecimento ilícito e pagamento indevido.	26º (73, III); 27º (79); 28º (80, d)	Atenção para regras sobre impedimento, suspensão e interrupção de prescrição.
8.a. **Direito à liberdade de expressão** e direitos da personalidade. **Direito à privacidade e à intimidade. Direito à imagem. Direito ao esquecimento. O discurso de ódio** *(hate speech).*	27º (73)	Além de importante para a primeira fase, é também para a fase subjetiva.
8.c. **Responsabilidade civil extracontratual. Dano material, moral e estético. Dano à pessoa. Danos sociais. Caracterização e quantificação. Aspectos materiais e processuais. Dano moral coletivo.**	27º (72; 80, d); 28º (77), 29º (76)	Bom ponto para serem explorados os posicionamentos dos Tribunais, principalmente do STJ. Atentar-se para esses temas nos informativos, já que responsabilidade civil é tema recorrente nas decisões judiciais.
9.a. Negócios jurídicos. Defeitos e invalidades. **Equilíbrio econômico, onerosidade e revisão contratual.**	25º (80); 26º (73, I, IV); 27º (76); 28º (74, d; 80, b)	Defeitos e invalidades do negócio jurídico estiveram presentes nas últimas quatro provas objetivas do MPF. Memorizar as especificidades do Código Civil ao tratar desses institutos.
9.b. Extinção das obrigações. Inadimplemento. Liquidação das obrigações, juros e **correção monetária.** Cláusula penal e perdas e danos. **Multa cominatória. Adimplemento substancial. Princípio da justiça contratual. A evolução da responsabilidade pessoal para a patrimonial.**	25º (79, I); 26º (74, c, d; 78); 27º (80, c)	O tema obrigações é bastante exigido. Atenção para as formas de extinção das obrigações.

PONTO DO EDITAL	CPR que exigiu o ponto e o nº da questão	OBSERVAÇÕES
11.b. Casamento e união estável. Regimes de bens. **A situação do companheiro no Código Civil.** A união estável, seus reflexos patrimoniais e correlações com o instituto do casamento. **Uniões estáveis concomitantes.** Concubinato. Dissolução da sociedade e dos vínculos conjugais. **A permanência ou extinção do instituto da separação.**	26º (79); 27º (78, a, b)	Direito de família é tema que vendo sendo exigido nas provas objetivas do MPF. O tema também deve ser estudado para a segunda fase.
13.c. Direitos de vizinhança.	25º (75, IV); 28º (76)	Muita atenção com as minúcias das regras pertinentes. A leitura do Código Civil nesse ponto é essencial a considerar o histórico das provas objetivas do CPR.
14.a. **Dignidade da pessoa humana e proteção à mulher. Igualdade material e seus reflexos no Direito Civil. Violência doméstica e seus aspectos civis. Lei nº 11.340/2006 (Lei Maria da Penha).**		Item novo no edital. Para a fase objetiva, atenção para a leitura da Lei 11.340/06. Quanto à proteção à mulher, vale a pena inteirar-se das várias análises sobre o conceito de "cultura do estupro".
14.b. Teoria da imprevisão, caso fortuito e força maior. Contrato de seguro.	25º (79, IV); 26º (80, d)	Atenção quanto às normas referentes ao contrato de seguro.
14. c. **Proteção dos grupos vulneráveis no âmbito do Direito Privado. Índios, quilombolas e povos tradicionais. Igualdade Racial. Igualdade de gênero.**		Tema que merece dedicação para todas as fases. Atenção para: Lei 12.288/2010 (Estatuto da Igualdade Racial); ADPF 186 (cotas raciais); ADI 3239 (julgamento ainda não finalizado da ação que questiona a constitucionalidade do Decreto 4.887/03. Sobre o

PONTO DO EDITAL	CPR que exigiu o ponto e o nº da questão	OBSERVAÇÕES
		tema, importante artigo de Daniel Sarmento – http://www.mpf.mp.br/atuacao-tematica/ccr6/documentos-e-publicacoes/artigos/docs_artigos/Territorios_Quilombolas_e_Constituicao_Dr._Daniel_Sarmento.pdf/view); Petição 3388/STF (Caso Raposa Serra do Sol). Os estudos de Direito Constitucional sobre o tema serão suficientes para atender ao ponto.

RELEVANTE

PONTO DO EDITAL	CPR que exigiu o ponto e o nº da questão	OBSERVAÇÕES
1.c. **A técnica de reprodução humana assistida.** Alteração de sexo. Pesquisa científica em seres humanos. **Reconhecimento da paternidade.** **Homoparentalidade. Multiparentalidade. Parentalidade socioafetiva. Parentalidade alimentar. Alienação parental.**	27º (78, c), 29º (79, I)	Atenção para a Lei 12.318/2010 (alienação parental).
2.a. Hermenêutica jurídica. **A constitucionalização do Direito Civil e a influência dos direitos humanos. Abertura do sistema: princípios, cláusulas gerais e conceitos jurídicos indeterminados. A tese de estado de coisas inconstitucional.**		

PONTO DO EDITAL	CPR que exigiu o ponto e o nº da questão	OBSERVAÇÕES
3.b. Representação, mandato e prestação de serviços.	25º (79, III)	
4.b. **A boa-fé no direito civil. Boa-fé objetiva e suas funções. A ética nas relações obrigacionais. Deveres laterais de conduta.**		Item novo no edital e que merece atenção principalmente quanto à boa-fé objetiva e aos deveres laterais (deveres anexos)
5.c. A responsabilidade por danos causados ao meio ambiente, ao consumidor e a bens e direitos de valor artístico, estético, histórico e paisagístico.	26º (77)	A relevância detém-se à preferência acadêmica da examinadora, notadamente patrimônio cultural. Contudo, há mais chance de o item ser exigido em fase subjetiva. Em que pese fugir um pouco do tema, vale a pena a leitura da Nota Técnica emitida pelas 4ª e 6ª Câmara e PFDC, sobre a PEC 65: http://www.mpf.mp.br/pgr/documentos/nota-tecnica-pec-65-2012/
6.b. **Usucapião e suas modalidades. Parcelamento do solo urbano. Regularização fundiária**		Atenção para o tema usucapião.
7.b. A locação no **Código Civil e na legislação especial.** Mútuo e comodato.	27º (77, I, III); 28º (74, b)	Atenção para mútuo e comodato.
7.c. **Relações de família e princípio da solidariedade. Igualdade e liberdade nas relações entre cônjuges e companheiros.** Filiação e da guarda dos filhos. **Conceito contemporâneo de família. Novas modalidades de família. Famílias homoafetivas, poliafetivas e monoparentais. Família natural, extensa e ampliada. Família composta e família mosaico. Famílias simultâneas e redes familiares. Abandono afetivo e seus efeitos civis.**	25º (77, I)	Esse ponto pode ser mais bem explorado na prova subjetiva, mas é preciso atenção também para a primeira fase, considerando que o direito de família tem sido bastante presente nas provas objetivas do MPF.

PONTO DO EDITAL	CPR que exigiu o ponto e o nº da questão	OBSERVAÇÕES
8.b. Alimentos. **Convenção de Nova York sobre Prestação de Alimentos no Estrangeiro, de 1956. Cooperação jurídica internacional e atuação do Ministério Público Federal.**	25º (73, d)	
10.a. Forma e prova dos negócios jurídicos. Modalidades de negócios jurídicos, evicção e vícios redibitórios.	27º (77, IV)	
11.a. Atos ilícitos. **Os ilícitos civis praticados por pessoas jurídicas. A Lei nº 12.843/2013 (Lei Anticorrupção). Vedação ao comportamento contraditório. Dever de mitigar as perdas.**	25º (73, a)	Atenção para a Lei nº. 12.843/2013. Para a segunda fase, atenção para o dever de mitigar as perdas (Duty to mitigate the loss e sua aplicação nas diversas áreas do Direito).
11.c. Reconhecimento de filhos e adoção. Adoção por casais homoafetivos. Convenção da Haia Relativa à Proteção das Crianças e à Cooperação em Matéria de Adoção Internacional, de 1993. **Estado de filiação e direito à origem genética. Filiação biológica e não biológica. Adoção à brasileira. Atuação do Ministério Público no processo de adoção. Parto anônimo. Ação vindicatória de filho.**	25º (77, II)	O tema também deve ser estudado para a fase subjetiva.
12.a. Pessoas jurídicas. Associações e fundações. **Desconsideração da personalidade social e jurídica. Desconsideração inversa da pessoa jurídica. Aspectos materiais e processuais. Entidades despersonificadas.**	28 (75, I), 29º (79, IV)	Apesar de tema bastante batido, vale a pena atentar paras as teorias menor e maior da desconsideração da personalidade jurídica, bem como à desconsideração inversa (disregard doctrine).

PONTO DO EDITAL	CPR que exigiu o ponto e o nº da questão	OBSERVAÇÕES
12.b. Direitos reais de garantia e suas modalidades. Registro e efeitos relativos a terceiros.	25º (73, b)	Atenção para as espécies de direitos reais de garantia. O tema "registros públicos" não está mais no edital, mas aqui aparece como "registro e efeitos relativos a terceiros".
12.c. Poder familiar: conceito, exercício, suspensão e extinção. **O poder familiar e os direitos próprios da criança e do adolescente.**		
13.a. **Bioética e biodireito. Começo e fim da personalidade. Nascituro. Evolução dos direitos do nascituro. Doação de órgãos e tecidos.**	26º (72)	Atenção para o tema "nascituro". Os demais, chance maior de serem exigidos na fase subjetiva.
13.b. **Direitos do idoso. Proteção pessoal e patrimonial do idoso. Proteção integral e obrigação de prestar alimentos. Acesso ao amparo assistencial e à justiça. Atuação do Ministério Público.**		Convém a leitura da Lei 10.741/2003 (Estatuto do Idoso).
15.a. Domicílio **da pessoa natural e sede da pessoa jurídica. Eleição de foro nos contratos.**	25º (71)	
15.b. **O marco civil da internet e demais formas de regulação do ciberespaço. Contratos eletrônicos. Responsabilidade civil nas redes sociais.** Bullying **e** cyberbullying.	29º (73)	

RESIDUAL

PONTO DO EDITAL	CPR que exigiu o ponto e o nº da questão	OBSERVAÇÕES
3.c. O condomínio no Código Civil e na legislação especial. O estabelecimento empresarial. **A sociedade em conta de participação. Responsabilidade dos administradores das sociedades simples e empresárias.**	26º (76)	
4.c. Fiança, depósito e corretagem. **Contrato de transporte terrestre e aéreo.**	27º (80, b)	
5.b. Compra e venda e de suas cláusulas especiais. Promessa de compra e venda e direito real do promitente comprador.	29º (72, 74)	
6.c. Direito de superfície, servidões, **usufruto**, uso e habitação.		
9.c. **Direito à origem genética. Direito de morrer. Direito ao corpo vivo.**		A maior relevância está para a fase subjetiva.
10.b. As obrigações por declaração unilateral de vontade.		
10.c. Transformação, incorporação, fusão e cisão das sociedades. Sociedade limitada e da sociedade anônima.		
15.c. Sociedades dependentes de autorização oficial. Sociedades simples e sociedade cooperativa. Sociedades nacionais e estrangeiras.	28º (75, II, III, IV)	

1. PROVAS DISCURSIVAS E ORAIS

A preparação para a fase subjetiva exige intensa leitura de artigos atuais e jurisprudência não apenas para o conhecimento de teorias e posicionamentos, mas também para a formação de vocabulário rico e criativo para dar consistência e diferenciar as respostas escritas.

Na prova do MPF, a **linguagem** possui papel relevante para demonstrar o conhecimento jurídico do candidato e diferenciá-lo dos demais ainda não tão bem preparados.

Durante os estudos, vale a pena reservar um bloco de anotações para listar teorias e expressões que devem ser utilizadas na formulação das respostas, dentro de um contexto coerente e bem fundamentado.

Nas fases subjetiva e oral é o momento para o candidato demonstrar seu conhecimento jurídico e a sua capacidade de associar conhecimentos nas suas múltiplas faces. Não tenha pudor de fazer referência a elementos da literatura, artes, filosofia, antropologia, história e outros, no momento de elaborar a resposta, desde que, mais uma vez, haja coerência lógica e racionalidade na linha de pensamento. Não tema a ousadia, no melhor estilo up to date jurídico.

Decisões relevantes recentes proferidas pelo Supremo Tribunal Federal e pelo Superior Tribunal de Justiça merecem especial atenção. Além de conhecer o resultado de um caso relevante, é importante ler o voto vencedor. A leitura da íntegra ajudará tanto na compreensão das razões de decidir quanto no estoque de vocabulário a ser utilizado na formulação de respostas.

No meu caso, na véspera de cada prova da fase subjetiva reli a minha lista de teorias e expressões para relembrar argumentos importantes que não poderiam deixar de estar nas minhas respostas, quando cabível.

Além disso, separei para a véspera uma ou duas decisões importantes para reler e, passei olhos na minha apostila de estudos (para a minha experiência de estudos, passar olhos e rever toda a matéria estudada sempre ajudou a concatenar assuntos e a relembrar pontos importantes da disciplina).

No caso específico de civil, separei a leitura da matéria referente à constitucionalização do direito e do direito civil. Na minha apostila eu havia feito anotações sobre o livro "Da Estrutura à Função: Novos Estudos de Teoria do Direito", de Norberto Bobbio.

Coincidentemente, a questão n. 3 do Grupo III - 27ºCPR trouxe o enunciado: "Distinga e conceitue sistema jurídico e ordenamento jurídico". Aproveitei a leitura do dia anterior para responder a questão.

A mesma matéria de civil estudada na véspera (constitucionalização do Direito Civil) deu-me bases para introduzir com segurança e de forma estruturada a resposta à questão n. 4[1].

As alterações inseridas no edital do 29º CPR refletem a constitucionalização do Direito Civil[2]. Por isso, estudar os pontos 1.a e 2.a profundamente, seu contexto histórico (evolução do Estado Absolutista seguido pela Revolução Francesa - Código Napoleônico de 1804 - e a virada Kantiana) e repercussões sobre os institutos cíveis, poderá garantir sucesso na introdução de grande parte das possíveis questões de Direito Civil.

Aliás, saber a parte geral e os princípios correlatos a cada um dos assuntos é um grande passo para iniciar a questão. Por exemplo: uma pergunta sobre a condenação de entes públicos ao pagamento de dano moral coletivo pode ter resposta introduzida pelo conceito de dano moral.

Além desses pontos, para a segunda fase eu destaco novidades do edital:

- Ponto **1.c**: relacionar os direitos da personalidade com o atributo da personalidade e itens desse ponto, como a alteração de sexo e a pesquisa científica em seres humanos. O ponto ainda traz matérias de alta relevância: homoparentalidade, multiparentalidade, parentalidade socioafetiva e parentalidade alimentar. O acompanhamento dos informativos do STJ é essencial nessa matéria.

---

1. 4. No Brasil, a família patriarcal foi, sobretudo, fruto de uma concepção autoritária da natureza das relações entre seus membros, que teve origem no direito português do qual se originou. Examine duas características dessa concepção patriarcal contidas no Código Civil de 1916 e compare com as alterações trazidas pelo Código Civil de 2002.

2. Sobre o tema: MORAES, Maria Celina B. A Caminho de um Direito Civil Constitucional. (<http://www.grupoddp.com.br/resources/A%20Caminho%20do%20Direito%20Civil-Constitucional%20-%20Maria%20Celina%20Bodin%20de%20Moraes.pdf>)

Para aqueles que tiverem disponibilidade para aprofundar, ler os artigos de Maria Berenice Dias: http://www.mariaberenice.com.br/artigos.php?subcat=702#anc.

- Ponto **7.c**: destaque para os itens da igualdade e liberdade nas relações entre os cônjuges. É importante conhecer, ao menos brevemente, a história de luta de emancipação da mulher e estar atualizado quanto ao tema relacionado à "cultura do estupro" (Ponto **14.a**).

No mais, saber as nuances e repercussões das novas modalidades de família, o poliamor e a adoção por família homoafetiva (Ponto **11.c**). Mais uma vez, a leitura dos informativos do STJ serão de grande valia, assim como os textos de Maria Berenice Dias.

- Ponto **8.a**: os direitos da personalidade[3] sempre exigem atenção especial do concursando. Saber a parte geral, principalmente falar com propriedade do núcleo gravitacional da dignidade da pessoa humana[4], é metade do caminho para uma boa resposta sobre direitos da personalidade.

Neste ponto destaco a memorável atuação do MPF na repatriação do sangue Yanomami: http://www.mpf.mp.br/rr/sala-de-imprensa/noticias-rr/povo-yanomami-celebra-devolucao-de-sangue-colhido-por-cientistas-norte-americanos. Quanto à liberdade de expressão, convém a leitura da ADI 4815 que trata das biografias não autorizadas.

---

3. Sobre o tema: MORAES, Maria Celina B. Ampliando os direitos da personalidade (<http://www.academia.edu/9689598/Ampliando_os_direitos_da_personalidade>).

4. Para quem tem disponibilidade para realizar leituras complementares, indico os livros de Hanna Arendt, principalmente Eichmann em Jerusalém e As Origens do Totalitarismo. A Condição Humana. Ler os livros da autora quando o edital do concurso já foi lançado não é recomendável na preparação para a prova, diante da quantidade de temas a serem estudados. Ainda assim, é importante que se saiba o pensamento da autora e sua contribuição para o Direito, principalmente na reconstrução dos Direitos Humanos. Uma resposta que perpasse dignidade da pessoa humana, direitos da personalidade e direitos humanos pode se engrandecer exponencialmente com a citação dessa autora. Desde, claro, haja pertinência e coerência com o teor da pergunta e da resposta.

Conforme mencionado na tabela acima, vale a leitura do parecer da PGR sobre direito ao esquecimento (http://www.mpf.mp.br/pgr/documentos/ARE833248parecerpgrdireitoesquecimento.pdf).

O tema discurso de ódio (hate speech) também merece atenção.

- Ponto **8.c**: danos sociais e dano moral coletivo. É preciso saber as bases do dano moral e sua aplicabilidade e aceitação pela jurisprudência.
- Ponto **9.c**: destaque ao tema direito de morrer e a ortotanásia. Sobre o assunto, interessante artigo de Luís Roberto Barroso e Letícia de Campos Velho Martel, "A morte como ela é: dignidade e autonomia individual no final da vida" (http://www.luisrobertobarroso.com.br/wp-content/themes/LRB/pdf/a_morte_como_ela_e_dignidade_e_autonomia_no_final_da_vida.pdf).
- Ponto **14.c**: os estudos de Direito Constitucional serão suficientes para atender ao ponto.
- Ponto **15.b**: atenção para o tema responsabilidade civil nas redes sociais, bullying e cyberbullying. Foi objeto de questão específica na prova objetiva de Direito Civil do 29º CPR (questão 73).

Por fim, quem chega na fase oral não está a passeio. Certamente, já carrega consigo uma excelente bagagem de conhecimentos jurídicos. É o momento para treinar a verbalização. Estude em grupo ou peça para um amigo ou familiar fazer perguntas para você responder. Pode até mesmo ser alguém que não seja da área jurídica, bastando entregar-lhe uma lista de perguntas variadas. O importante é que alguém lhe faça perguntas sobre temas do edital e que você responda oralmente. Esse exercício ajudará a ganhar ritmo de resposta falada, que exige habilidades diversas das demais fases.

Nesta fase, é importante saber minimamente sobre cada um dos itens do edital. O ponto a ser questionado é sorteado no momento da prova. Então, esteja preparado para enfrentar qualquer um dos itens do edital, ainda que mediante conceitos básicos.

Capítulo 10

GRUPO III – DIREITO PROCESSUAL CIVIL

Alan Rogério Mansur Silva

1. BIBLIOGRAFIA INDICADA

Direito Processual Civil é matéria bastante exigida na prática dos Procuradores da República. O concurso para Procurador da República procura retratar isso. São 10 questões objetivas na primeira prova. Na prova subjetiva, são algumas questões, e também pelo menos parte da dissertação.

A grande novidade do 29 CPR é que se teve, pela primeira vez, a exigência do novo CPC, que entrou em vigor em 18/03/2016.

Dessa maneira, todas as referências aos artigos do CPC/1973 devem ser novamente estudadas com a leitura do novo CPC e de seus novos institutos jurídicos e novas abordagens.

Em relação à banca examinadora, a subprocuradora-geral da República Sandra Verônica Cureau está na banca desta matéria há diversos concursos. Neste sentido, já é possível analisar a tendência da cobrança da disciplina no certame, bem como os pontos mais exigidos.

No 29 CPR, Sandra Cureau também esteve na comissão de concurso, como membro titular. Foi somente substituída por Sérgio Arenhart nas provas orais da disciplina.

Apresento algumas sugestões de livro para a disciplina:

Para a parte geral: Direito Processual Civil: há muitas alternativas, e cada candidato traça a sua estratégia. Eu sugiro o "Curso de Processo Civil", de Luiz Guilherme Marinoni, ou "Curso de Processo Civil", de Fredie Didier Jr.

Para complementar, sugiro a leitura de alguns tópicos do livro "Ação Civil Pública" de Rodolfo de Camargo Mancuso e "Improbidade Administrativa", de Émerson Garcia e Rogério Pacheco Alves, que são temas com presença obrigatória na prova objetiva e com grandes possibilidades na prova subjetiva, inclusive na dissertação.

Analisando as questões do 29 CPR, observa-se que focou em mudanças na legislação, em comparação ao CPC antigo, como por exemplo na questão 81 (Quanto à ação rescisória, o novo CPC introduziu as seguintes modificações no Código de 1973), questão 85 (São inovações do CPC/2015 em relação ao Código de 1973) e questão 90 (É correto afirmar que o novo Código de Processo Civil: a) ampliou hipóteses de aplicação de remessa necessária; b) criou incidente de resolução de demandas repetitivas; c) extinguiu o juízo de admissibilidade pelo tribunal *ad quem*; d) permitiu o julgamento surpresa para garantir a celeridade processual".

Neste sentido, estes exemplos indicam a importância da análise comparativa com o CPC anterior, para a resposta adequada às questões.

Na prova do 29 CPR também se exigiu entendimento do STJ, como nas questões 83 (sistema recursal) e 89 (ação civil pública e ação de improbidade administrativa).

Muito importante é o acompanhamento das decisões do STF e STJ, por meio de seus informativos. Tais instrumentos são decisivos para a compreensão e a atualização dos estudos. Lembre também que, em regra, os examinadores atuam em processos que tramitam no STF e/ou STJ, assim, acompanham as decisões sobre os assuntos.

Há os sites específicos, que muito podem colaborar com a preparação dos candidatos, como o Dizer o Direito (http://www.dizerodireito.com.br/), que acompanha os informativos do STJ e do STF, traz as novidades legislativas e julgados relevantes, tudo com explanações muito didáticas.

2. ANÁLISE DAS PROVAS OBJETIVAS

Uma das partes prioritárias em qualquer preparação é a análise das provas anteriores.

Este livro sobre o mapeamento do edital do concurso de Procurador da República traz informações para os candidatos dos principais pontos exigidos nas provas anteriores, com um panorama e análise das questões. Todas estas análises são importantes para saber quais as questões que caem e de que forma são exigidas. Enfim, informações que subsidiam o candidato para se preparar para a próxima prova.

Além disso, é também muito importante que o candidato faça as provas anteriores, em casa, como parte da preparação para o concurso. No momento em que o candidato se concentra e resolve as provas, percebe o quanto pode ser surpreendido ou não pela questão, como deve interpretar um enunciado etc. Resolver questões de provas anteriores é uma ótima forma de testar, para não se deixar ser surpreendido no momento da prova.

Assim, eu costumava resolver as questões sozinho, em casa. E também costumava levar as questões para ser resolvidas no meu grupo de estudos. Desta forma, pudemos conversar melhor e debater cada uma das alternativas, o porquê de cada alternativa estar correta ou incorreta.

Em relação às provas objetivas, verifica-se que muitas das questões são retiradas de Súmulas e jurisprudências do STJ e STF, de letra de lei e parte de doutrina.

Segue o panorama do Direito Processual Civil das questões exigidas do 25º CPR ao 29º CPR. Os pontos que não constam na tabela não foram abordados nas provas indicadas.

MUITO IMPORTANTE

PONTO DO EDITAL	CPR que exigiu o ponto e o nº da questão	OBSERVAÇÕES
Ponto 1-B Procedimento comum e procedimentos especiais. Adaptação e flexibilidade negocial ou judicial do procedimento.	27º CPR (Questão 81 e 86), 28º CPR (Questão 89)	Procedimentos especiais.

PONTO DO EDITAL	CPR que exigiu o ponto e o nº da questão	OBSERVAÇÕES
Ponto 5-A Litisconsórcio. Assistência. Intervenção anômala. Amicus curiae.	25º CPR (Questão 83), 26º CPR (Questão 83), 27º CPR (Questão 84), 29º CPR (Questões 84, 85 e 86)	Litisconsórcio. Amicus Curiae
Ponto 6-B: Ação popular. Ação de consignação em pagamento. Ações possessórias. Ação de desapropriação.	25º CPR (Questões 84), 26º CPR (Questão 87), 27º CPR (Questão 87)	Legitimidade para ajuizamento de Ação Popular. Ações possessórias.
Ponto 8-A Comunicação processual. Prazos. Teoria das invalidades processuais. Primazia do julgamento de mérito e aproveitamento dos atos processuais	25º CPR (Questão 82), 27º CPR (Questão 84), 28º CPR (Questão 82)	Citação é o ponto mais cobrado neste item.
Ponto 8-B Liquidação de sentença. Cumprimento da sentença e de outros títulos judiciais. Formas de implementação e efetivação das decisões judiciais.	26º CPR (Questões 84 e 90), 27º CPR (Questão 88), 28º CPR (Questão 87 e 89)	Liquidação por forma diversa da estabelecida na sentença. Avaliação de bens. Impenhorabilidade. Cumprimento de decisão judicial.
Ponto 8-C Recurso Especial. Reclamação.	26º CPR (Questões 84, 85 e 89), 27º CPR (Questões 85, 87, 88), 28º CPR (Questões 84 e 90), 29º CPR (Questão 83)	Recurso especial. Prequestionamento. Matérias que podem ser apreciadas em recurso especial. Processamento do recurso, cautelar. Súmulas do STJ sobre o assunto. Questões com itens que abordam recurso especial foram exigidos nos últimos concursos do MPF, presença obrigatória no próximo.

PONTO DO EDITAL	CPR que exigiu o ponto e o nº da questão	OBSERVAÇÕES
Ponto 9 – C Ação civil pública e ação de improbidade administrativa. Aplicabilidade do CPC às ações coletivas.	25º CPR (Questão 84), 26º CPR (Questão 88), 27º CPR (Questões 87, 88 e 89), 28º CPR (Questões 85, 89 e 90), 29º CPR (Questão 89)	Ações coletivas. Regramento da ação civil pública. Indisponibilidade de bens em Ação de improbidade administrativa. Competência jurisdicional em ações de improbidade. Também outra questão que será exigida.
Ponto 10-B Teoria geral dos recursos. Duplo grau de jurisdição. Efeitos dos recursos. Pressupostos recursais.	25º CPR (Questões 81, 86 e 89), 26º CPR (Questões 82, 85 e 89), 27º CPR (Questões 85 e 86), 28º CPR (Questão 82)	Recursos, cabimento, fungibilidade, tempestividade, interesse recursal. Recursos em mandado de segurança. Todas estas abordagens foram exigidas nas provas.
Ponto 14-B: Ação discriminatória, de divisão e de demarcação. Mandado de segurança individual e coletivo.	25º CPR (Questão 84), 26º CPR (Questões 82 e 88)	Mandado de segurança individual e coletivo. Quais os recursos cabíveis.
Ponto 17-C Tutela jurisdicional dos direitos e interesses coletivos, difusos e individuais homogêneos. Teoria geral do processo coletivo. Liquidação e cumprimento de ações coletivas.	25º CPR (Questão 84), 26º CPR (Questão 88), 27º CPR (Questão 89)	Interesses coletivos, difusos e individuais homogêneos.
Ponto 18-C Competência interna: classificação, divisão e modificação. Competência internacional. Homologação de sentença estrangeira. Carta rogatória. Tratados e convenções para cumprimento de decisões estrangeiras no Brasil.	25º CPR (Questão 90), 26º CPR (Questão 81), 28º CPR (Questão 90), 29º CPR (Questão 84)	Perpertuatio jurisdicionis. Regras de competência

PONTO DO EDITAL	CPR que exigiu o ponto e o nº da questão	OBSERVAÇÕES
Ponto 19-A Estabilidades processuais: regimes e efeitos. Coisa julgada. Preclusões. Estabilidade da sentença que extingue o processo sem julgamento de mérito e da decisão de saneamento e organização do processo.	26º CPR (Questão 86), 27º CPR (Questão 104), 28º CPR (Questão 83)	Coisa julgada. Preclusão.

RELEVANTE

PONTO DO EDITAL	CPR que exigiu o ponto e o nº da questão	OBSERVAÇÕES
Ponto 4-A Partes. Capacidade. Legitimação. Sucessão e substituição processual.	25º CPR (Questão 82), 27º CPR (Questão 89)	Legitimidade do Ministério Público
Ponto 4-B Teoria geral da prova. Ônus da prova e convicção judicial. Distribuição dinâmica ou convencional de ônus da prova. Prova Ilícita.	25º CPR (Questão 87), 26º CPR (Questão 85), 28º CPR (Questão 89)	Admissão de prova emprestada
Ponto 4-C Meios adequados de resolução de conflitos: negociação, mediação e arbitragem. Convenções processuais.	25º CPR (Questão 87), 28º CPR (Questão 81)	Conciliação, mediação e arbitragem
Ponto 7-C Recurso Extraordinário. Repercussão Geral	25º CPR (Questões 86 e 89), 27º CPR (Questão 85 c 90)	Recurso extraordinário
Ponto 9-A Resposta do réu: contestação e reconvenção. Revelia.	25º CPR (Questão 85), 26º CPR (Questão 87), 29º CPR (Questão 82)	Contestação. Reconvenção. Revelia

PONTO DO EDITAL	CPR que exigiu o ponto e o nº da questão	OBSERVAÇÕES
Ponto 11-A Coisa julgada sobre questões prejudiciais decididas incidentalmente. Ação declaratória incidental: função e hipóteses de cabimento.	25º CPR (Questão 85), 28º CPR (Questão 83)	Ação declaratória incidental
Ponto 12-A Atos processuais. Despesas processuais. Honorários. Processo eletrônico.	26º CPR (Questão 84), 27º CPR (Questão 85)	Honorários de sucumbência
Ponto 15-B Ação rescisória. Querela nullitatis.	25º CPR (Questão 85), 26º CPR (Questão 83), 29º CPR (Questão 81)	Ação rescisória
Ponto 18-A O Ministério Público no processo civil.	25º CPR (Questão 89), 27º CPR (Questão 89), 29º CPR (Questão 86)	

RESIDUAL

PONTO DO EDITAL	CPR que exigiu o ponto e o nº da questão	OBSERVAÇÕES
Ponto 1-A Jurisdição: órgãos, princípios e limites. A jurisdição no Estado de Direito.	28º CPR (Questão 86)	Princípios.
Ponto 2-B **Audiência de conciliação e mediação. Audiência de instrução e julgamento.**	29º CPR (Questão 82)	
Ponto 3-C Juizados Especiais Cíveis Estaduais e Federais.	25º CPR (Questão 88)	Competência, prazos, legitimados, procedimentos.
Ponto 5-C **Embargos de declaração. Técnica de extensão do colegiado em caso de divergência**	29º CPR (Questão 88)	Embargos de declaração.

PONTO DO EDITAL	CPR que exigiu o ponto e o nº da questão	OBSERVAÇÕES
Ponto 9-B **Procedimento probatório. Provas em espécie.**	27º CPR (Questões 83 e 85)	
Ponto 10-A Intervenção de terceiros. Embargos de terceiro. Sujeitos auxiliares do processo.	27º CPR (Questão 82), 29º CPR (Questão 84)	Denunciação da lide/ evicção.
Ponto 11=B **Tutela provisória. Tutela de urgência e tutela de evidência: conceito, espécies, pressupostos**	29º CPR (Questão 87)	Tutela de urgência e tutela de evidência.
Ponto 12-B **Julgamento de casos repetitivos. Incidente de resolução de demandas repetitivas e recursos especial e extraordinário repetitivos**	29º CPR (Questões 82 e 90)	
Ponto 13-A O direito fundamental de defesa. Devido processo legal. Cognição judicial. Convicção judicial e fundamentação das decisões.	27º CPR (Questão 83)	
Ponto 14-A Conexão e continência. Reunião e separação de causas. Agregação de processos e atos conjuntos. Cooperação entre órgãos jurisdicionais nacionais.	29º CPR (Questão 86)	
Ponto 14-C Apelação. Recurso ordinário constitucional.	28º CPR (Questão 88)	Recurso ordinário constitucional.

PONTO DO EDITAL	CPR que exigiu o ponto e o nº da questão	OBSERVAÇÕES
Ponto 15-C **Incidente de desconsideração da personalidade jurídica**	29ª CPR (Questão 85)	
Ponto 17-B Títulos executivos judiciais e extrajudiciais.	28º CPR (Questão 81)	
Ponto 20-A **Tutela específica dos direitos difusos e coletivos. Procedimento da ação civil pública e das ações coletivas para defesa de direitos individuais homogêneos.**	29º CPR (Questão 89)	Suspensão de liminar em ação civil pública. Competêcia em ação civil pública. Medida cautelar.
Ponto 20-B Agravo	26º CPR (Questão 89), 29º CPR (Questão 83)	
Ponto 20-C Cumprimento de sentença que reconheça obrigação de pagar quantia certa pela Fazenda Pública. Execução Fiscal.	28º CPR (Questão 90)	

3. PROVAS SUBJETIVAS E ORAIS

Vale ressaltar que nas provas subjetivas foram exigidos:

a) 25º CPR: Na dissertação, foram abordados os temas de ação civil pública, e competência, partes legitimidade, causa de pedir e pedidos. Nas questões, trabalhou-se com a Ação declaratória incidental, indicando a) o objeto; b) o procedimento; c) o juízo competente; d) a natureza da decisão que indefere liminarmente a inicial e e) os efeitos da sentença que examina o mérito. E Juízo de admissibilidade recursal: hipóteses de competência. Juízo provisório de admissibilidade: limites.

b) 26º CPR: Na dissertação, foi sobre o cabimento e preenchimento dos pressupostos do recurso extraordinário, análise da atribuição do Ministério Público Estadual e alcance de decisão judicial. Nas questões, abordou-se a ação de improbidade administrativa, com: a) natureza jurídica, b) hipóteses de cabimento, c) legitimidade ativa e passiva, d) efeitos da sentença condenatória; e outra foi sobre ação direta de inconstitucionalidade e ação declaratória de constitucionalidade, com: a) distinções, b) legitimados e pertinência temática, c) quórum para julgamento, d) provas;

c) 27º CPR: Na dissertação, foram abordados os temas de ação civil pública e ações possessórias, bem como recurso de apelação e remessa necessária. Nas questões, foram abordados os temas do recurso especial, e também o juízo de admissibilidade recursal (natureza jurídica, eficácia e efeitos sobre a interposição de outros recursos);

d) 28º CPR: Na dissertação, foram abordados os temas de ação civil de improbidade administrativa, cautelar de bloqueio de bens, competência, legitimidade, recurso de apelação. Nas questões, houve abordagem dos pressupostos recursais e cabimento dos embargos infringentes e procedimento cautelar de protesto;

e) 29º CPR: Contestação. Hipóteses de intimação obrigatória do Ministério Público, participação do Ministério Público no processo civil. Nulidades. Ação de busca, apreensão e restituição de criança, custas com despesas, como honorários, intérpretes, cartas rogatórias e honorários advocatícios.

Na fase subjetiva, o que conta é a demonstração do conhecimento por escrito, trazendo respostas bem fundamentadas, o mais completas possível, que preencham todos os itens questionados, sempre da forma mais clara possível. Na fase oral, conta as corretas expressões e concatenação de ideias, para esclarecer ao examinador o que foi perguntado.

Nestas fases, importante que o candidato possa aplicar na prova seu conhecimento acumulado, empregando as expressões da doutrina e jurisprudência de forma correta. Eu costumava anotar expressões e conceitos bem pertinentes sobre cada tema importante, para que pudesse utilizá-los corretamente nas provas. Tal ponto auxilia o candidato a demonstrar conhecimento pertinente ao assunto (claro que, desde que utilizado da forma correta e oportuna).

Se puder fazer referência a livros específicos e decisões específicas de STF ou STJ, e ministros respectivos, melhor ainda. Mas, para isso, importante ter conhecimento suficiente para isso, muito arriscado citar decisões inexistentes ou com erros. Mas se souber, vale citar.

Em temas mais importantes, vale ler as decisões do STF ou STJ na íntegra, analisando a fundamentação exposta e o voto vencedor.

Além dos temas acima, destaco os pontos que foram inseridos no conteúdo programático do 29º CPR. Alguns destes pontos já foram objeto de questões na prova objetiva do 29 CPR, sendo também cotados para serem exigidos no 30 CPR:

a) 1.b – Procedimento comum e procedimentos especiais. Adaptação e flexibilidade negocial ou judicial do procedimento;

b) 2.b – Audiência de conciliação e mediação. PONTO EXIGIDO NO 29 CPR, Questão 82. O novo CPC, em seu art. 334, prevê que se não for caso de indeferimento da petição inicial nem de improcedência liminar, o juiz designará audiência de conciliação ou de mediação com antecedência mínima de 30 (trinta) dias, devendo ser citado o réu com pelo menos 20 (vinte) dias de antecedência. Nesta audiência, prevê a participação do conciliador ou mediador, onde houver. Também estabelece as hipóteses em que não ocorrerá a audiência a) se ambas as partes manifestarem, expressamente, desinteresse na composição consensual; b) quando não se admitir a autocomposição;

c) 2.c – Aspectos processuais do Estatuto da Criança e do Adolescente e do Estatuto da Pessoa com Deficiência;

d) 4.b – Distribuição dinâmica ou convencional do ônus da prova. O novo CPC tem regra expressa sobre a distribuição dinâmica do ônus da prova, que já vinha sendo admitido pela jurisprudência pátria para alguns casos. O art. 373, § 1º, prevê que "Nos casos previstos em lei ou diante de peculiaridades da causa relacionadas à impossibilidade ou à excessiva dificuldade de cumprir o encargo nos termos do caput ou à maior facilidade de obtenção da prova do fato contrário, poderá o juiz atribuir o ônus da prova de modo diverso, desde que o faça por decisão fundamentada, caso em que deverá dar à parte a oportunidade de se desincumbir do ônus que lhe foi atribuído". Também é possível a distribuição convencional do ônus da prova, como estipula o art. 373, § 3º, salvo quando: a) recair sobre direito indisponível da parte; b) tornar excessivamente difícil a uma parte o exercício do direito;

e) **4.c - Convenções processuais.** O art. 190, do novo CPC, prevê que "versando o processo sobre direitos que admitam autocomposição, é lícito às partes plenamente capazes estipular mudanças no procedimento para ajustá-lo às especificidades da causa e convencionar sobre os seus ônus, poderes, faculdades e deveres processuais, antes ou durante o processo". Assim, as partes poderão adequar o procedimento mediante as regras abertas contidas no novo Código, para que o processo civil tenha a capacidade de efetivamente promover uma célere e adequada tutela dos direitos;

f) 5.a - Amicus curiae. **PONTO EXIGIDO NO 29 CPR, Questão 85** Apesar de se tratar de instituto já existente no direito brasileiro, não havia uma regulamentação específica. O amicus curiae vem sendo aceito na jurisprudência do Supremo Tribunal Federal, sobretudo nos processos de controle concentrado de constitucionalidade que tinham por base as Leis 9.868/99 e 9.882/99. Os pressupostos de intervenção são a) relevância da matéria em debate no processo; b) especificidade do tema objeto da demanda; c) repercussão social da controvérsia. Tal instituto representa uma maior legitimidade democrática em decisões judiciais do nosso sistema jurídico;

g) 6.a - Controle de admissibilidade da demanda;

h) 8.a - Primazia do julgamento de mérito e aproveitamento dos atos processuais. Este princípio básico do nosso processo civil contém a orientação de que a atividade jurisdicional deve se nortear pela atividade satisfativa dos direitos discutidos em juízo, de que se deve dar primazia à resolução do mérito, produzindo resultado satisfativo, em detrimento do reconhecimento de nulidades ou de outros óbices processuais para se buscar um resultado útil do processo;

i) **8.b - Liquidação de sentença. Cumprimento da sentença e de outros títulos judiciais. Formas de implementação e efetivação das decisões judiciais;**

j) 9.c - Aplicabilidade do CPC às ações coletivas;

k) **11.b – Tutela provisória. Tutela de urgência e tutela de evidência: conceito, espécies, pressupostos. Pelo novo CPC PONTO EXIGIDO NO 29 CPR, Questão 87;** A tutela provisória pode fundamentar-se em urgência ou evidência. O Código também dispõe que a tutela provisória de urgência, cautelar ou antecipada, pode ser concedida em caráter antecedente ou incidental. A tutela provisória conserva sua eficácia na pendência do processo, mas pode, a qualquer tempo, ser revogada ou modificada. Salvo decisão judicial em contrário, a tutela provisória conservará a eficácia durante o período de suspensão do processo.

l) **12.b – Incidente de resolução de demandas repetitivas e recursos especial e extraordinário repetitivos. PONTO EXIGIDO NO 29 CPR, Questões 82 e 90** O incidente de resolução de demandas repetitivas é um instituto jurídico novo no direito brasileiro. O instituto visa, com uma única decisão de Tribunal, resolver uma mesma questão de direito que é objeto de julgamento em diversas ações judiciais. Tal instrumento visa conferir maior isonomia e segurança jurídica ao sistema jurídico brasileiro. Este incidente de resolução de demandas repetitivas, agora está ao lado de outra técnica de julgamento repetitiva, que é o julgamento de recursos especiais e extraordinários repetitivos;

m) 13.c – Estabilização da tutela provisória. Debate acerca do art. 304 do novo CPC, que dispõe que "a tutela antecipada, concedida nos termos do art. 303, torna-se estável se da decisão que a conceder não for interposto o respectivo recurso", quando se deve aferir as hipóteses de estabilização da tutela. Há uma interpretação literal, que indicaria que se não houver recurso da decisão que defere a tutela estaria estabilizada. Porém, doutrina entende que qualquer forma de oposição dever ter a o condão de evitar a extinção do processo;

n) 15.a – Incidente de assunção da competência. Tal incidente traz força vinculante ao julgamento nele realizado, cujo atendimento é obrigatório por todos os juízes e órgãos do Tribunal que proferiu a decisão (conforme art. 947, § 3º, CPC). Este incidente tem as seguintes hipóteses de cabimento: a) art. 947, caput, CPC: permitir que relevante questão de direito, com grande repercussão social, seja julgada por órgão colegiado mais amplo que o inicialmente competente para julgamento do recurso, remessa necessária ou processo de competência originária; b) art. 947, § 4º: prevenir ou dirimir divergências entre turmas ou câmaras do Tribunal sobre relevante questão de direito;

o) 15.c – Incidente de desconsideração da personalidade jurídica. PONTO EXIGIDO NO 29 CPR, Questão 85; Este instituto é novo em nosso sistema processual, não obstante a desconsideração da personalidade jurídica ser objeto já conhecido, como o previsto no Código de Defesa do Consumidor – CDC e na Consolidação das Leis do Trabalho – CLT. Assim, o novo CPC visa trazer um mecanismo próprio e diferenciado para tratar destas situações. Neste sentido, as novidades do ponto seriam as seguintes: a) desconsideração inversa da personalidade jurídica; b) estabelecimento de estrutura procedimental própria; b.1) estabelecimento da necessidade de prévio contraditório; b.2) impossibilidade de reconhecimento ex officio; b.3) dever de respeito ao processo legal;

p) 19.a – Estabilidades processuais: regimes e efeitos. Coisa julgada. Preclusões. Estabilidade da sentença que extingue o processo sem julgamento de mérito e da decisão de saneamento e organização do processo.

Capítulo 11

GRUPO IV – DIREITO PENAL

Alan Rogério Mansur Silva

1. BIBLIOGRAFIA INDICADA E ANÁLISE DA BANCA EXAMINADORA

O estudo do Direito Penal deve sempre se balizar pelo conteúdo programático do concurso. Quem já vem estudando para outros certames verifica que há matérias que constam somente no edital do MPF. Assim, o ideal é ler o edital para focar seu estudo nos pontos de Direito Penal que são exigidos.

Após isso, também é importante lembrar que buscar bibliografias que abordem o conteúdo pelas perspectivas dos crimes federais é essencial. Pela própria prática dos Procuradores da República e pelo histórico das questões exigidas nos últimos concursos, é certo que vale direcionar seus estudos a estes pontos de crimes de competência da Justiça Federal.

Além disso e da bibliografia indicada abaixo, é necessário um estudo estratégico. Pela imensa quantidade de matérias de todo o concurso, não é possível saber "tudo de tudo", fica inviável um conhecimento profundo de todos os pontos. Mas também é certo que não é possível deixar pontos do conteúdo programático sem estudo.

É importante que o candidato extraia dos livros e fontes de leitura boas informações e um conhecimento que possa ser aplicado. A quantidade de leitura, por si só, não representa qualidade.

Por isso que livros voltados ao conteúdo programático e com uma melhor abordagem facilitam o estudo.

Apresento algumas sugestões de livro para a disciplina:

Para a parte geral: "Direito Penal", de Rogério Greco.

Para os crimes previstos no Código Penal: também o "Direito Penal", de Rogério Greco, o livro "Curso de Direito Penal", do Procurador Regional da República Artur Brito Gueiros Souza ou o livro "Direito Penal Esquematizado", de Cléber Masson.

E para leitura geral sobre a legislação penal específica, recomendo o livro "Crimes Federais", de Rogério Sanches Cunha e Fábio Roque Araújo ou "Crimes Federais", de José Paulo Baltazar Júnior. Especialmente o livro de José Paulo Baltazar Júnior é uma ótima obra, mas muito extensa para uma leitura completa. Assim, recomendo que o livro possa servir como fonte de consulta.

Se quiser ainda complementar com um Código Penal comentado, há dois excelentes, que são o do Rogério Greco e o do Guilherme de Souza Nucci. Muito bons para consulta, solucionando aquelas dúvidas e apresentando jurisprudência de pontos fundamentais.

Vale uma olhada também, principalmente para a segunda fase, nos livros "Garantismo penal integral", dos organizadores Eduardo Pelella, Bruno Calabrich e Douglas Fisher, ou "A prova no enfrentamento à macrocriminalidade", de Daniel Salgado e Ronaldo Queiroz e "Legislação criminal especial comentada", de Renato Brasileiro de Lima.

Ademais, tanto para a prova objetiva quanto para a subjetiva, uma dica sempre válida é a leitura da letra da lei dos crimes em espécie.

O candidato costuma saber sobre os crimes mais conhecidos do Código Penal e as leis extravagantes mais famosas. Porém, quando se trata de crimes previstos em leis menos lidas, como a Lei 10.826/2003 (Lei das armas), Lei 7.492/86 (Lei de crimes contra o sistema financeiro), Lei 9.434/97 (Lei sobre remoção de órgãos, tecidos e partes do corpo humano para fins de transplante), e daqueles crimes menos conhecidos previstos no Código Penal, há maior dificuldade no enquadramento daquela conduta.

Portanto, é muito importante que o candidato leia a **letra da lei**, aprendendo os detalhes de cada uma das condutas delituosas e não seja surpreendido por crimes desconhecidos na prova objetiva ou subjetiva, já que mesmo para condutas gerais há crimes específicos, com sujeito ativo próprio ou com uma finalidade específica, prevista em alguma lei.

Assim, interpretando a lei e solucionando um aparente concurso de normas penais, deve o candidato saber exatamente qual crime se amolda à conduta narrada. E para isso, necessário conhecer, ponto a ponto, cada um dos crimes previstos no edital.

Muito importante é o acompanhamento das decisões do STF e STJ, por meio de seus informativos. Tais instrumentos são decisivos para a compreensão e a atualização dos estudos. Lembre também que, em regra, os examinadores atuam em processos que tramitam no STF e/ou STJ, assim, acompanham as decisões sobre os assuntos.

Há os sites específicos que muito podem colaborar com a preparação dos candidatos, como o Dizer o Direito (http://www.dizerodireito.com.br/), que acompanha os informativos do STJ e do STF, traz as novidades legislativas e julgados relevantes, tudo com explanações muita didáticas.

Além destas fontes, o candidato também deve ler os enunciados e orientações das Câmaras de Coordenação e Revisão (CCR) do MPF. Na área penal, as 2ª e 5ª Câmaras tratam sobre o assunto.

A 2ª CCR aborda matérias criminais (com exceção dos crimes contra a administração pública e ambientais). Seus enunciados e orientações estão previstos em: http://www.mpf.mp.br/atuacao-tematica/ccr2/enunciados e http://www.mpf.mp.br/atuacao-tematica/ccr2/orientacoes.

A 5ª CCR aborda matérias criminais e cíveis, no combate à corrupção. Assim, também tem enunciados e orientações criminais, que podem ser lidos em: http://www.mpf.mp.br/atuacao-tematica/ccr5/enunciados e http://www.mpf.mp.br/atuacao-tematica/ccr5/orientacoes.

Os enunciados servem para publicizar o entendimento consolidado de uma Câmara em determinado assunto, trazendo maior segurança jurídica aos membros do MPF e a sociedade em geral.

Quando o membro do MPF formula pedido de declínio de atribuição ou de arquivamento de um Procedimento Investigatório Criminal (PIC), Inquérito Civil Público (ICP) ou mesmo de Inquérito Policial (IPL) deve encaminhar à Câmara de Coordenação e Revisão respectiva, que pode aplicar seus enunciados nesta decisão.

Quando faz essa apreciação, a Câmara concorda ou não com o despacho do Procurador do caso, podendo determinar o arquivamento ou declínio de atribuição daquela peça de investigação ou devolver à unidade, para que outro Procurador (para obedecer ao princípio da independência funcional) promova ação ou prossiga em diligências.

Direito Penal é uma matéria muito exigida na prática dos Procuradores da República. A atuação criminal é uma característica por excelência do Ministério Público Federal. A Constituição Federal, em seu artigo 129, inciso I, prevê "São funções institucionais do Ministério Público: promover, privativamente, a ação penal pública, na forma da lei".

Neste sentido, a atuação criminal é bem delineada como matéria em íntima relação com as funções institucionais do MPF. Nas unidades do MPF nas capitais, cerca de 50% dos membros trabalham com direito penal.

E no edital para o concurso de Procurador da República, o Direito Penal ganhou ainda mais importância nos últimos anos. Até o 25º CPR, o grupo IV do concurso era formado por Direito Penal, Direito Processual Penal e Direito Eleitoral. Assim, as 30 perguntas objetivas e as provas subjetivas tinham espaço dividido com o Processo Penal e o Eleitoral.

A partir do 26º CPR, o mesmo grupo IV do concurso passou a ser composto somente do Direito Penal e Direito Processual Penal, assim, com mais espaço para as disciplinas relativas à análise do direito criminal. O peso do Direito Penal, portanto, está ainda maior, com mais questões sendo exigidas na matéria.

Na comissão do concurso e também na banca examinadora do 29º CPR, a examinadora foi a Subprocuradora-Geral da República Ela Wiecko de Castilho.

Ela Wiecko, de alto gabarito e com efetiva atuação em defesa da sociedade e no combate ao crime, já está presente na banca examinadora há muitos concursos, sendo reiteradamente, responsável pela disciplina Direito Penal, o que traz uma constância na análise da estratégia da prova a ser traçada.

2. ANÁLISE DAS PROVAS OBJETIVAS

Uma das partes prioritárias em qualquer preparação é a análise das provas anteriores.

Este livro sobre o mapeamento do edital do concurso de Procurador da República contém informações para os candidatos dos principais pontos exigidos nas provas anteriores, com um panorama e análise das questões. Todas estas análises são importantes para saber quais questões caem e de que forma são exigidas. Enfim, informações que subsidiam o candidato para se preparar para a próxima prova.

Além disso, é também muito importante que o candidato faça as provas anteriores, em casa, como parte da preparação para o concurso. No momento em que o candidato se concentra e resolve as provas, percebe o quanto pode ser surpreendido ou não pela questão, como deve interpretar um enunciado etc. Resolver questões de provas anteriores é uma ótima forma de se testar, para não se deixar ser surpreendido no momento da prova.

Eu costumava resolver as questões sozinho, em casa. E também costumava levar as questões para ser resolvidas no meu grupo de estudos. Desta forma, pudemos conversar melhor e debater cada uma das alternativas, o porquê de cada alternativa estar correta ou incorreta.

Segue o panorama de Direito Penal das questões exigidas do 25º CPR ao 29º CPR. Os pontos em negrito foram acrescentados no conteúdo programático do 29º CPR. Os pontos que não constam na tabela não foram abordados nas provas indicadas.

MUITO IMPORTANTE

PONTO DO EDITAL	CPR que exigiu o ponto e o nº da questão	OBSERVAÇÕES
Ponto 1-B Aplicação da pena	25º CPR (Questão 108), 26º CPR (Questão 101), 27º CPR (Questão 96), 28º CPR (Questões 91 e 94)	Um dos pontos mais exigidos nas provas, cobrado em todos os últimos certames.

PONTO DO EDITAL	CPR que exigiu o ponto e o nº da questão	OBSERVAÇÕES
Ponto 5-B Prescrição penal	26º CPR (Questão 100), 27º CPR (Questão 102), 28º CPR (Questão 100)	A contagem para avaliação da prescrição penal em um caso concreto apresentado no enunciado também é matéria que pode ser exigida
Ponto 7-C Crimes contra o patrimônio: estelionato e outras fraudes de competência da Justiça Federal	26º CPR (Questão 98), 27º CPR (Questão 99), 28º CPR (Questão 98), 29º CPR (Questão 94)	Os crimes de estelionato, com suas peculiaridades, principalmente no que tange ao art. 171, § 3º (estelionato contra a Fazenda Pública), é tema recorrente na prática dos Procuradores e em questões das provas.
Ponto 9-C Crimes contra a administração pública praticados por funcionário público	26º CPR (Questões 94 e 96), 27º CPR (Questão 99), 28º CPR (Questões 99 e 104), 29º CPR (Questão 102)	Estes crimes são um dos mais exigidos, em especial peculato e corrupção passiva.
Ponto 11 – C Crimes contra a administração da Justiça	25º – CPR (Questão 103), 27º CPR (Questão 98), 28º CPR (Questão 102), 29º CPR (Questão 98)	Destaque para os crimes de denunciação caluniosa e falso testemunho.
Ponto 12 – C: Crimes contra a fé pública	25º CPR (Questões 102 e 106), 26º CPR (Questão 104), 28º CPR (Questões 101 e 103)	Atenção ao crime de moeda falsa.
Ponto 17 – C: Crimes nas licitações públicas e crimes contra as finanças públicas	25º CPR (Questões 101 e 104), 28º CPR (Questão 91), 29º CPR (Questão 104)	Importante atentar para a identificação dos crimes especiais contra as licitações e finanças públicas, em detrimento dos demais.
Ponto 18-B Crimes de corrupção	26º CPR (Questão 97), 27º CPR (Questão 101), 28º CPR (Questões 96 e 97)	Verificação dos crimes de corrupção ativa e passiva, e também do contexto do crime de corrupção em tratados e convenções.

RELEVANTE

PONTO DO EDITAL	CPR que exigiu o ponto e o nº da questão	OBSERVAÇÕES
Ponto 13-C Crimes contra a ordem tributária e previdência social	26º CPR (Questão 105), 27º CPR (Questão 92)	Analisar a jurisprudência referente aos casos e a objetividade jurídica de cada um dos crimes.
Ponto 14-C Crimes contra o sistema financeiro e contra o mercado de capitais	25º CPR (Questão 107), 26º CPR (Questão 94), 27º CPR (Questão 100)	Importante ponto, para a caracterização de cada um dos crimes.
Ponto 16-C Crimes contra a paz pública. Organizações criminosas	26º CPR (Questão 105), 28º CPR (Questão 105), 29º CPR (Questão 101)	Analisar bem a lei de combate às organizações criminosas, e todas as suas peculiaridades.
Ponto 17-A Teoria do erro	25º CPR (Questão 110), 27º CPR (Questão 93)	
Ponto 20-B Aspectos relativos à repressão penal contidos em convenções internacionais sobre corrupção, organizações criminosas, tráfico de pessoas, tráfico de armas, terrorismo e escravidão	27º CPR (Questão 101), 28º CPR (Questão 91), 29º CPR (Questão 99)	

RESIDUAL

PONTO DO EDITAL	CPR que exigiu o ponto e o nº da questão	OBSERVAÇÕES
Ponto 1-A Dogmática jurídico-penal: teorias contemporâneas	27º CPR (Questão 91)	
Ponto 2-A Criminologia: **paradigmas etiológico e da reação social, do conflito e do consenso.** Teorias criminológicas contemporâneas	27º CPR (Questão 95)	Leitura destes itens incluídos neste novo ponto.

PONTO DO EDITAL	CPR que exigiu o ponto e o nº da questão	OBSERVAÇÕES
Ponto 2-B Concurso de crimes	27º CPR (Questão 97), 29º CPR (Questão 97)	
Ponto 3-B Efeitos da condenação	25º CPR (Questão 108)	
Ponto 4-A Princípios do Direito Penal	26º CPR (Questão 92)	
Ponto 6-A Lei penal no espaço	27º CPR (Questão 105)	
Ponto 6-B Crimes políticos e crimes militares: noções gerais. **Terrorismo**	27º CPR (Questão 101)	Importante destaque a prevenção e combate ao Terrorismo, conforme Lei nº 13.260/2016.
Ponto 8-A Princípio de interpretação e aplicação da lei penal. Concurso aparente de normas	28º CPR (Questão 91)	
Ponto 8-B Direito penal, indígenas e **comunidades tradicionais**	26º CPR (Questão 93)	
Ponto 8-C Tráfico de pessoas e redução a condição análoga à de escravo	27º CPR (Questão 101)	Ponto de muita atuação do MPF, objeto de campanhas institucionais e de diversos processos de competência federal.
Ponto 9-A Teoria do crime	25º CPR (Questão 110)	
Ponto 10-C Crimes contra a administração pública praticados por particular	28º CPR (Questão 95), 29º CPR (Questão 103)	
Ponto 11-A Causalidade e imputação objetiva	27º CPR (Questão 94)	

PONTO DO EDITAL	CPR que exigiu o ponto e o nº da questão	OBSERVAÇÕES
Ponto 13-A Teoria do tipo culposo	25º CPR (Questão 109)	
Ponto 13-B Crimes previstos na Lei nº 10.826/2003	26º CPR (Questão 99)	
Ponto 14-A Teoria do tipo omissivo	25º CPR (Questão 109)	
Ponto 14-B Crimes de tráfico ilícito e uso indevido de drogas	26º CPR (Questão 105)	Crime também relacionado à atividade-fim do MPF. Analisar os casos de competência federal (transnacionalidade) e também as hipóteses de possível insignificância.
Ponto 15-B Crimes contra o meio ambiente e o patrimônio cultural	27º CPR (Questão 104), 29º CPR (Questões 95 e 96)	
Ponto 15-C Crimes de lavagem de dinheiro	27º CPR (Questão 103), 29º CPR (Questão 102)	Crime de muita ocorrência na área federal e diretamente relacionado no combate aos crimes contra a administração pública.
Ponto 16-A Culpabilidade	27º CPR (Questão 93)	
Ponto 16-B **Crimes contra a ordem econômica e as relações de consumo**	29º CPR (Questão 93)	
Ponto 19-A Concurso de pessoas	26º CPR (Questão 95), 29º CPR (Questões 91 e 92)	
Ponto 19-B **Crimes cibernéticos. Pornografia infantil**	27º CPR (Questão 101), 29º CPR (Questão 105)	Verificar também os casos de competência federal nos presentes crimes e sua relação com tratados internacionais e o combate internacional.

PONTO DO EDITAL	CPR que exigiu o ponto e o nº da questão	OBSERVAÇÕES
Ponto 19-C Crimes contra a incolumidade pública: crimes de perigo comum e contra a segurança dos meios de comunicação e transporte e outros serviços públicos	25º CPR (Questão 105), 29º CPR (Questão 100)	
Ponto 20-A Teoria da pena	26º CPR (Questão 91)	

Além dos temas acima, destaco os pontos novos do conteúdo programático do 29º CPR:

a) **2.a - Criminologia: paradigmas etiológico e da reação social, do conflito e do consenso. Teorias criminológicas contemporâneas.** Estes "paradigmas etiológico e da reação social, do conflito e do consenso" foram os pontos incluídos neste concurso, tema que já foi base de orientação de teses de mestrado e dissertações pela Subprocuradora-Geral da República Ela Wiecko, e que está, de forma direta e indireta, constando em textos de Direito Penal de sua autoria;

b) **3.b - Direitos da vítima**. Este estudo dos direitos das vítimas foi incluído para melhor amoldar a abordagem do Direito Penal. Há uma discussão para que seja conferido maior protagonismo da vítima no processo penal, já que a vítima acaba sendo "esquecida" no contexto do combate ao crime. A inclusão do tema, apesar de recente, já foi trabalhado pela Subprocuradora-Geral da República Ela Wiecko em 1984, em artigo "A vítima na reforma penal brasileira" e também é assunto tratado pelo MPF em diversas de suas atuações. Vale lembrar também da Declaração dos Princípios Básicos de Justiça Relativos às Vítimas da Criminalidade e de Abuso de Poder , adotada pela Assembleia Geral das Nações Unidas, em novembro de 1985: http://bit.ly/declaracao-vitimas-abuso;

c) **6.b - Terrorismo**. No edital para o 29 CPR, o tema "terrorismo" ganhou um ponto específico no conteúdo programático. Anteriormente, o tema era exposto de forma paralela, no item: "Aspectos relativos à repressão penal contidas em convenções internacionais", incluindo dentre as convenções, a sobre terrorismo. A Lei nº 13.260/2016 disciplinou o terrorismo, tratando de disposições investigatórias e processuais e reformulando o conceito de organização terrorista, e alterou as Leis nº 7.960/1989 (Lei da Prisão Provisória), e 12.850/2013 (Lei de Combate às Organizações Criminosas). Com a regulamentação e a realização do maior evento esportivo do planeta, as Olimpíadas/2016, o assunto foi cada vez mais debatido no país. Ressalto também que o MPF ajuizou em setembro/2016 a primeira denúncia acerca do assunto http://bit.ly/operacaohashtag, imputando aos denunciados os crimes de organização terrorista e associação criminosa, com base na denominada "Operação Hashtag";

d) **7.B - Justiça Restaurativa**. A inclusão da justiça restaurativa visa trazer aos candidatos um assunto de Direito Penal pelo paradigma não punitivo, tendo como principal objetivo a reparação dos danos oriundos do delito causados às partes envolvidas: vítima, ofensor e comunidade. Tal prática está sendo estimulada pelo Conselho Nacional de Justiça - CNJ;

e) **8.b - Direito penal, indígenas e comunidades tradicionais.** A parte "comunidades tradicionais" foi incluída neste ponto, o que reforça a necessidade de estudos do assunto pela perspectiva criminal também para comunidades tradicionais, como quilombolas, ribeirinhos, seringueiros, castanheiros, faxinais etc.;

f) **11.b - Direito penal negocial.** O tema está mais ainda em destaque pelo trabalho do MPF em diversos casos, em especial pela Operação Lava Jato. O tema abrange tanto os novos instrumentos, como a colaboração premiada e o acordo de leniência, se este for firmado na área criminal, quanto os já consolidados em nosso sistema penal, como a suspensão condicional do processo e a transação penal. Abrange discussões acerca dos espaços de "barganha" no processo penal brasileiro e a tendência de expansão dos espaços de consenso em nosso processo penal. Ressalto também a importância de se estudar o Termo de Não-Persecução Penal, tendo como base a doutrina e a Resolução nº 181/2017, do CNMP http://bit.ly/termo-naopersecucao;

g) **19.b - Crimes cibernéticos. Pornografia infantil.** Abrange tanto os crimes incluídos no Código Penal pela Lei nº

12.737/2012 quanto os crimes previstos no Estatuto da Criança e do Adolescente, em especial os capitulados nos artigos 241-A e 241-B, estes com maior incidência de casos relacionados à competência da Justiça Federal.

3. PROVAS SUBJETIVAS E ORAIS

Para o estudo destas fases, o candidato traz todas as informações obtidas com o estudo para a fase objetiva, e precisa aperfeiçoar as leituras, agora com mais jurisprudência e leitura de artigos relacionados a crimes de competência federal.

Assim, vale a pena se aprofundar em algumas temáticas, como crimes de terrorismo, lavagem de dinheiro, redução análoga a de escravo, combate à corrupção em seus diversos aspectos, crimes cibernéticos de competência federal etc.

Vale ressaltar que nas provas subjetivas foram exigidos:

a) 25º CPR: pontos sobre crimes ambientais e crime de sonegação de contribuição previdenciária (337-A), questão sobre documento eletrônico no direito penal;

b) 26º CPR: conceitos de crime continuado, habitual e reiterado, crimes ambientais, colaboração premiada afeta ao crime de contrabando;

c) 27º CPR: tentativa, possível crime contra o sistema financeiro nacional, prescrição da pretensão executória;

d) 28º CPR: crimes de lavagem de dinheiro e contra o sistema financeiro nacional, crime de corrupção passiva e associação criminosa, tráfico internacional de entorpecentes, colaboração premiada, criminologia e dogmática penal.

e) 29º CPR: crimes contra o meio ambiente, justiça restaurativa, organizações e associações criminosas, crime de redução à condição análoga a de escravo, concurso de crimes.

Ademais, apresento alguns outros temas bastante importantes, e que foram objeto de decisões do STF e que são relacionados diretamente à área federal, alguns dos pontos com relação ao Direito Penal e também ao Processo Penal (que compõem o mesmo grupo IV do concurso):

a) "Execução provisória": O Plenário do Supremo Tribunal Federal entendeu que o artigo 283 do Código de Processo Penal (CPP) não impede o início da execução da pena após condenação em segunda instância (ADCs 43 e 44), julgado em 05/10/2016. De igual forma, no julgado do HC 152752, o Plenário do Supremo Tribunal Federal negou, por maioria de votos, o habeas corpus (HC) 152752, por meio do qual a defesa do ex-presidente Luiz Inácio Lula da Silva buscava impedir a execução provisória da pena diante da confirmação pelo Tribunal Regional Federal da 4ª Região (julgado em 05/04/2018);

b) O afastamento do governador não é automático no caso de abertura de ação penal. O simples recebimento de uma denúncia, ato de baixa densidade decisória, não pode importar em afastamento automático do governador. Esse afastamento somente pode ocorrer se o STJ entender que há elementos a justificá-lo. O governador pode ser afastado, mas não como decorrência automática do recebimento da denúncia.[ADI 4.764, ADI 4.797 e ADI 4.798, rel. p/ o ac. min. Edson Fachin, j. 4-5-2017, P, DJE de 15-8-2017.];

c) Colaboração premiada. "A colaboração premiada, que não é meio de prova, acha-se legalmente disciplinada como instrumento de obtenção de dados e subsídios informativos. Valor e restrição concernentes ao depoimento do agente colaborador" [Pet 5.700, rel. min. Celso de Mello, dec. monocrática, j. 22-9-2015, DJE de 24 - 9-2015;

d) circunstâncias judiciais: d.1) "Em se tratando de infrações penais contra a ordem tributária, a extensão do dano causado pode ser invocada na primeira fase da dosimetria, como critério para exasperação da pena-base, sem que tanto implique bis in idem". [HC 128.446, rel. min. Teori Zavascki, j. 15-9-2015, 2ª T, DJE de 29-9-2015] d.2) "A jurisprudência consolidada do STF não admite que a quantidade de droga seja valorada negativamente na primeira e na terceira fases da dosimetria da pena, o que caracteriza indevido bis in idem. (...) De modo análogo, a personalidade do agente não pode ser valorada negativamente na primeira ou na terceira fases da fixação da pena, sob pena de duplo agravamento". [RHC 128.726, rel. min. Dias Toffoli, j. 25-8-2015, 2ª T, DJE de 14-9-2015];

e) "O Plenário, por maioria, resolveu questão de ordem — em inquérito que apura supostos delitos de obstrução de justiça e organização criminosa praticados pelo presidente da República - no sentido de que o juízo político de admissibilidade exercido pela Câmara dos Deputados (...) precede a análise jurídica pelo STF para conhecer e julgar qualquer questão ou matéria defensiva suscitada pelo denunciado. A Corte decidiu, ainda, que a possibilidade de rescisão ou de revisão, total ou parcial, de acordo de colaboração premiada, devidamente reconhecido pelo Poder Judiciário, em decorrência de descumprimento de deveres assumidos pelo colaborador, não propicia conhecer e julgar alegação de imprestabilidade das provas, porque a resci-são ou revisão tem efeitos somente entre as partes, não atingindo a esfera jurídica de terceiros. No caso, fatos alegadamente delituosos vieram à tona por meio de acordos de colaboração premiada celebrados entre o MPF e integrantes de grupo empresarial. Entretanto, diante de indícios de omissão de informação no acordo de delação premiada, a PGR abriu investigação para apurar supostas irregularidades na celebração do acordo. A defesa, então, alegou que as provas produzidas estavam maculadas e requereu a sustação da denúncia. (...) A discussão sobre o valor probatório dos elementos de convicção, ou mesmo a respeito da validade desses elementos que eventualmente embasarem a denúncia, constitui matéria afeta à configuração da justa causa, uma das condições da ação penal, cuja constatação ou não se dará por ocasião do juízo de admissibilidade a ser levado a efeito pelo Plenário do STF, após eventual autorização da Câmara dos Deputados". [Inq 4.483 QO, rel. min. Edson Fachin, j. 21-9-2017;

f) Crimes contra a administração pública e ressarcimento: "É constitucional o art. 33, § 4º, do CP, que condiciona a progressão de regime, no caso de crime contra a administração pública, à reparação do dano ou à devolução do produto do ilícito" [EP 22 ProgReg-AgR, rel. min. Roberto Barroso, j. 17-12-2014, P, DJE de 18 - 3-2015.];

g) "O Colegiado teceu considerações acerca do instituto da colaboração premiada, necessárias ao correto desate da controvérsia quanto à prevenção. Nesse sentido, ressaltou que, no seio da avença, o colaborador presta declarações perante a autoridade policial e/ou o Ministério Público com vistas a um ou mais resultados elencados nos incisos do art. 4º da Lei 12.850/2013. Não raro, como ocorre na hipótese em análise, relata-se mais de um fato delituoso em contextos não necessariamente imbricados. Ponderou que, apesar de a Corte ter decidido, no Inq 4.130 QO/PR (DJE de 3-2-2016), que o juízo homologador do acordo não é, necessariamente, competente para o processamento de todos os fatos relatados, existindo, entretanto, entre esses episódios, ao menos um em que se verifique a presença de conexão com objeto de feito previamente distribuído, faz-se imperiosa a observância da regra prevista no art. 79, caput, do CPP, a demandar a distribuição por prevenção, nos exatos termos do art. 69, caput, do RISTF. Com efeito, verificada a existência de liame de natureza objetiva, subjetiva ou probatória entre o conteúdo de termos de depoimento prestados pelo colaborador e o objeto de investigação em curso, incumbe à autoridade judicial responsável pela supervisão do procedimento investigatório, por força da prevenção, homologar o acordo de colaboração celebrado e adotar, subsequentemente, as providências acerca de cada fato relatado. Tal conclusão resguarda o jurisdicionado dos efeitos da litispendência e da coisa julgada. O Colegiado frisou ser o juízo prevento o detentor de condições mais adequadas para analisar os pontos de contato entre as declarações dos colaboradores e as outras investigações em curso, impondo, se for o caso, a tramitação conjunta" .[Pet 7.074 QO, rel. min. Edson Fachin, j. 29-6-2017;

h) A incitação ao ódio público contra quaisquer denominações religiosas e seus seguidores não está protegida pela cláusula constitucional que assegura a liberdade de expressão. RHC 146303/RJ, rel. Min. Edson Fachin, red. p/ o ac. Min. Dias Toffoli, julgamento em 6.3.2018;

i) Estatuto da Criança e do Adolescente. Caso de competência federal. "Compete à Justiça Federal processar e julgar os crimes consistentes em disponibilizar ou adquirir material pornográfico envolvendo criança ou adolescente (ECA, arts. 241, 241-A e 241-B), quando praticados por meio da rede mundial de computadores" [RE 628.624, rel. p/o ac. min. Edson Fachin, j. 29-10-2015];

j) Crime de responsabilidade cometido por Prefeito: A apropriação indébita previdenciária (art. 168-A do CP) prevalece sobre o tipo previsto no art. 1º, XIV, do DL 201/1967, quando a hipótese versa descumprimento de lei municipal atinente a recolhimento a autarquia previdenciária. [RE 628.624, rel. p/ o ac. min. Edson Fachin, j. 29-10-2015];

Na fase subjetiva, o que conta é a demonstração do conhecimento por escrito, trazendo respostas o mais completas possíveis, que preencham todos os itens questionados, sempre da forma mais clara possível. Na fase oral, conta as corretas expressões e concatenação de ideias, para esclarecer ao examinador o que foi perguntado.

Nestas fases, importante que o candidato possa aplicar na prova seu conhecimento acumulado, empregando as expressões da doutrina e jurisprudência de forma correta. Eu costumava anotar expressões e conceitos bem pertinentes sobre cada tema importante, para que pudesse utilizá-los corretamente nas provas. Tal ponto auxilia o candidato a demonstrar conhecimento pertinente ao assunto (claro que, desde que utilizado da forma correta e oportuna).

Se puder fazer referência a livros específicos e decisões específicas de STF ou STJ, e ministros respectivos, melhor ainda. Mas, para isso, importante ter conhecimento suficiente para isso, muito arriscado citar decisões inexistentes ou com erros. Mas se souber, vale citar.

Em temas mais importantes para a temática, vale ler as decisões do STF ou STJ na íntegra, analisando a fundamentação exposta e o voto vencedor.

Capítulo 12

GRUPO IV – DIREITO PROCESSUAL PENAL

Hayssa Kyrie Medeiros Jardim

1. BIBLIOGRAFIA INDICADA

O estudo das provas anteriores dos concursos para ingresso na carreira de Procurador da República é de suma importância para o(a) concursando(a). Esta análise das provas passadas, além de evidenciar qual o estilo de abordagem das matérias, como um todo, revela o pensamento institucional e que, por vezes, é exigido dos candidatos, como uma das maneiras de se selecionar perfil.

De fato, quem estuda para as carreiras do Ministério Público, em especial para o Ministério Público Federal, sabe (ou pelo menos deveria saber) que há certas matérias que requerem um estudo mais aprofundado, fugindo da lógica dos livros "para concursos", "dos livros esquematizados", que são resumidos e apenas repetem o que a maioria dos doutrinadores expõe em suas obras, com pouca correlação com o pensamento do Ministério Público. Uma dessas matérias que requer este cuidado especial é Processo Penal.

Com efeito, o direito processual penal é rotineiramente aplicado pelos membros do Ministério Público Federal no exercício de suas atribuições institucionais, tanto judiciais, quanto extrajudiciais. Essa importância do direito processual penal é percebida através da reformulação da divisão das matérias em grupos ao longo das provas de concurso para ingresso na carreira do Ministério Público Federal.

Dessa maneira, percebe-se que: a) antes do 25º CPR, a matéria de direito processual penal dividia espaço com direito eleitoral e direito penal no Grupo III, que possuía 40 questões distribuídas entre as três matérias; b) a partir do 25º CPR, com a criação de mais um grupo de matérias (no caso de direito internacional), o direito processual penal ainda dividia espaço com o direito eleitoral e o direito penal no Grupo IV, agora com 30 questões distribuídas entre estas matérias; c) a partir do 26º CPR a matéria direito processual penal passou a ser examinada com direito penal no Grupo IV e isso se repetiu nos concursos posteriores.

O que isso, de fato, significa? Primeiro, a relevância dada pela instituição para avaliar os(as) candidatos(as) nas matérias que reputa imprescindíveis para o exercício das atribuições do cargo, como é o caso de direito penal e processual penal. Segundo, maior quantidade de questões a serem vencidas pelos(as) candidatos(as), em especial no âmbito do direito processual penal e direito penal, já que estas são as únicas matérias que contam, na prova objetiva, com 15 (quinze) questões cada.

Tanto é verdade essa análise que o grupo IV, a partir do 26º CPR, já foi apelidado de "grupo da morte", ou seja, aquele grupo de matérias em que é difícil conseguir a pontuação mínima, de 15 (quinze) questões líquidas, após os descontos efetuados a partir a aferição da quantidade de questões erradas sobre as questões certas assinaladas pelos(as) candidatos (qual seja: a cada grupo de quatro questões assinaladas em desconformidade com o gabarito perde-se uma questão assinalada correta em comparação com o gabarito oficial).

Com a análise efetiva das provas e a correlação com a doutrina respectiva, sobretudo a partir do 26ºCPR, essa alcunha de "grupo da morte" atribuída ao GIV rapidamente se desfez. Contudo, ainda é um grupo que requer atenção especial dos(as) candidatos(as) tendo em vista o elevado número de questões por matéria (quinze por cada).

Pois bem, o estudo para o Direito Processual Penal, para se submeter às provas do MPF, não é aquele estudo tradicional de letra de lei, decorar súmula e jurisprudência. Não mesmo! Mas isso não quer dizer que a leitura do CPP e das leis extravagantes não sirvam para a prova. Ao contrário! O que se quer dizer e repetir é que **só isso** pode não ser suficiente para enfrentar e vencer o ponto de corte no Grupo IV. Por isso achei necessário fazer o alerta.

O direito processual penal abordado nas provas do MPF requer, além da ciência efetiva do que os Tribunais Superiores estão julgando, notadamente naqueles casos mais polêmicos, embasamento teórico denso para enfrentar questões que, mesmo na prova objetiva, requerem do(a) candidato(a) raciocínio para resolver casos concretos. Essas questões elaboradas apresentando casos concretos procurar aferir do(a) candidato(a) qual seu nível de estudo no que se refere às questões conceituais e principiológicas e ao entendimento da aplicação das normas Constitucionais e Internacionais.

Há esse diálogo entre o direito processual penal, direito constitucional e direito internacional cujo conhecimento básico é exigido do(a) candidato(a).

Isso pode ser percebido a partir da análise das provas, conforme acima aletrado. No 25ºCPR abordaram-se questões práticas, jurisprudenciais e que exigiam o conhecimento sobre cooperação internacional, por exemplo. O 26º CPR seguiu a mesma linha do 25ºCPR. Por sua vez, o 27ºCPR, cuja matéria foi examinada pela Dra. Ela Wiecko, abordaram-se questões que envolviam a sua abordagem do garantismo mais tradicional, algumas questões letra de lei e poucas questões práticas. O 28ºCPR houve uma "guinada" na forma de abordagem da matéria, exigindo do(a) candidato(a) o conhecimento dos temas de predileção do examinador Dr. Douglas Fischer (à época um dos Coordenadores da "Lavajato" na Procuradoria Geral da República). Neste concurso, houve a exigência do candidato da ciência do "garantismo penal integral" e dos seus reflexos, modificando complemente o estilo de questão "garantista tradicional" e exigindo raciocínio para resolver as longas questões, algumas delas práticas e abordando jurisprudências antigas do STF/ STJ. Já no 29º CPR, continuou na mesma linha de abordagem do concurso anterior, exigindo raciocínio do candidato para resolução de questões práticas, conhecimento denso das mudanças de jurisprudência do STF/STJ sobre temáticas como: a) competência por prerrogativa de função e competência da Justiça federal; b) colaboração premiada; c) medidas cautelares investigativas; d) recursos; e) júri; f) formas de cooperação internacional; g) nulidades; h) sistema acusatório; i) audiência de custódia, etc.

Importante destacar que o examinador Douglas Fischer, que foi responsável pela elaboração das questões objetivas e subjetivas do 28ºCPR e 29ºCPR, já anunciou que não continuará na banca do 30ºCPR. Contudo, isso não significa necessariamente que a abordagem das questões sofrerá uma mudança radical. A linha de cobrança dos temas nas provas do 28ºCPR e 29ºCPR tende a se repetir nos próximos concursos, já que os colegas que estão na carreira e que possuem potencial de serem examinadores, possuem, na maioria, a mesma ideia de processo penal imprimida por Douglas Fischer nas provas elaboradas, que é aquela ideia de processo penal também com a visão do titular da ação penal.

O estudo para processo penal, na minha ótica, pode ser feito de duas formas: a) para aquele(a) candidato(a) que não possui base teórica alguma, recomenda-se a leitura de alguns dos livros indicados abaixo por completo, para formar a sua base na matéria; b) para aquele(a) candidato(a) que possui uma boa base teórica de processo penal, recomenda-se a leitura dos livros que serviram para seu embasamento teórico acrescentando alguns artigos do examinador, facilmente encontrados na internet, e a leitura de alguns capítulos de um dos livros abaixo indicados, sobretudo naqueles em que o conhecimento não está em nível ótimo ou próximo disso.

Nos meus estudos sempre dei exclusividade para o seguinte livro:

a) o livro Curso de "Direito Processual Penal", do Eugênio Pacelli de Oliveira, da Editora Atlas.

Há também o livro:

a) "Comentários ao Código de Processo Penal e sua jurisprudência", dos autores Eugênio Pacelli de Oliveira e Douglas Fischer, da Editora Atlas, que é bem voltado para a atuação prática e cuja leitura é importante, sobretudo de alguns tópicos (nulidades, provas, competência, etc).

Afora estes, há o livro do professor Renato Brasileiro:

a) "Manual de Processo Penal – Volume único", da editora Juspodivm, além do livro coordenado pelo examinador, qual seja Garantismo Penal Integral, pela Editora Atlas. Também é bom o(a) candidato(a) dar uma olhada nos artigos publicados pelo examinador, alguns dos quais podem ser facilmente obtidos na internet.

A leitura e acompanhamento da jurisprudência dos Tribunais Superiores é muito importante, sobretudo dos julgados antigos e relevantes, bem como das modificações de entendimentos. De toda sorte, o(a) candidato(a) pode selecionar a leitura das jurisprudências por matéria, o que facilita sobremaneira essa pesquisa.

A leitura de resumos ou de material de cursinho é recomendada para aqueles que possuem boa base, sob pena que não conseguir atingir o raciocínio desejado, com os parâmetros de predileção do examinador, para a resolução da questão.

Há sites que podem ajudar a dar esse direcionamento desejado para a matéria de direito processual penal, são eles:

a) Blog do Vald: https://blogdovladimir.wordpress.com/ (aborda sobretudo a ótica das cooperações internacionais e do tema das provas em processo penal);

b) Blog do Eduardo Gonçalves: http://www.eduardorgoncalves.com.br/ (aborda temas genéricos e voltados para o MPF);

c) Blog do Bruno Barros: http://blogdobrunobarros.blogspot.com.br/ (aborda temas voltados para o MPF, sobretudo em direito penal e processual penal);

d) Blog do João Lordelo: http://www.joaolordelo.com/ (aborda temas genéricos e voltados para o MPF);

e) Site Dizer o Direito: http://www.dizerodireito.com.br/ [disponibiliza os informativos do STF e do STJ de forma "mais palatável" para os(as) candidatos(as)];

Além destes blogs, recomenda-se o acompanhamento da página da PGR (http://www.mpf.mp.br/pgr/), sobretudo dos informativos em Tese do Gabinete do PGR, no que se refere ao tema de direito processual penal. No site da PGR também é bom dar uma olhada na página da 2ª e 7ª Câmaras de Coordenação e Revisão, além dos enunciados destas Câmaras, tema inclusive abordado na subjetiva do 28º CPR.

No que diz respeito aos cursinhos, indica-se o Ênfase e o Alcance, pois estes são voltados para a preparação específica para ingresso na carreira do MPF e dão um bom direcionamento nos estudos. O cursinho anual serve para dar um embasamento e direcionamento a longo prazo; o curso "reta final" serve para dar aquela revisada nos pontos mais importantes e que não podem ser esquecidos pelos(as) candidatos(as). Especificamente falando de professor, particularmente, e levando em consideração a preparação específica para o MPF, eu gosto bastante das aulas do Professor Herbert Mesquita (professor do Alcance).

Sobre o examinador, Dr. Douglas Fischer, ele é Procurador Regional na 4ª Região e foi coordenador Jurídico da "Lavajato" na PGR. Tem predileção pelos temas de provas ilícitas, nulidades no processo penal e competência no processo penal. Possui inúmeros livros abordando o tema de direito processual penal e alguns temas correlatos, bem como diversos artigos. Crítico de algumas decisões das Cortes Superiores, notadamente no que diz respeito à nulidade de provas e ao garantismo "penal hiperbólico monocular".

O edital, no que se refere ao Direito Processual Penal, não sofreu grandes alterações desde o 28° CPR, houve apenas a inclusão explícita dos temas no Edital do 29° CPR: "atribuições da Polícia Federal","questões processuais referentes à execução penal", "questões gerais referentes à colaboração premiada", "competência por conexão", "questões processuais relacionadas ao Estatuto do Estrangeiro" e "questões gerais e regras específicas da Lei n° 13.256/2016".

2. ANÁLISE DAS PROVAS OBJETIVAS

Como ressaltado anteriormente, refazer as questões objetivas das provas passadas do MPF, sobretudo a partir do 25° CPR, serve como bom direcionamento para os estudos, pois revela quais os temas de predileção da instituição e do examinador.

Nestes temas de predileção o(a) candidato(a) deve possuir um conhecimento bem sólido e consentâneo com o pensamento da instituição e o que o MPF está defendendo nos Tribunais, sobretudo a Procuradoria-Geral da República.

A ciência sobre quais os posicionamentos da PGR nos pareceres, manifestações e ações propostas no STF já confere ao(à) candidato(a) um ótimo arsenal de pesquisa e de estudos para entender esse posicionamento, sobretudo para fugir do direito processual penal tradicional/clássico que o(a) candidato(a) aprende na faculdade.

Como se sabe, o direito não é uma ciência exata e o direito processual penal brasileiro está passando por diversos questionamentos, sobretudo para justificar ou não a permanência de regras e entendimentos dissonantes com o texto constitucional e com as normas internacionais. Tanto é que tramita no Congresso Nacional, projeto legislativo para elaborar novo Código de Processo Penal, cuja relatoria primária coube ao então Senador Pedro Taques, auxiliado por Douglas Fischer, como forma de adequar as normas à Constituição e aos Tratados Internacionais que a República Federativa do Brasil aderiu.

A análise das provas passadas também revela a necessidade do pensamento prático do(a) candidato(a) para a resolução de problemas que são postos nas questões, fugindo, um pouco, das clássicas questões letra de lei ou que repetem conceitos dos livros.

Estas questões práticas podem ser mapeadas a partir do acompanhamento das decisões das 2ª e 7ª Câmaras de Coordenação e Revisão do MPF, pois, ao analisar os arquivamentos de Procedimentos Extrajudiciais, essas Câmaras revelam o pensamento da instituição em acolher ou não a proposição do membro do MPF que a acionou. Só para citar um exemplo, na prova subjetiva do 28º CPR, houve a abordagem de uma questão prática cujo caso foi mencionado em uma decisão que constava em um dos Manuais de atuação da 2ª Câmara de Coordenação e Revisão.

Portanto, o estudo da jurisprudência dos Tribunais Superiores, com a leitura do voto naqueles julgados polêmicos, o acompanhamento das publicações e manifestações do examinador, a leitura do CPP (sim, é pra ler mesmo!), dos tratados internacionais, das leis extravagantes e das críticas do examinador, concretizadas em artigos publicados em livros ou disponibilizados na internet, pode ajudar bastante na resolução da prova do MPF, no que diz respeito à matéria de Direito Processual Penal.

Sem mais delongas, passa-se à análise de cada item do edital, baseado na Resolução do 29º CPR, com a respectiva frequência de abordagem, por parte dos examinadores, nas provas objetivas do MPF, desde o 25º CPR:

TEMAS MUITO IMPORTANTES

(Estudar por manuais, pesquisar textos na internet e muita jurisprudência):

Ponto do Edital	CPR que exigiu e o nº da questão	Observações
1.b – Provas no processo penal: documental e testemunhal. Reconhecimentos (pessoas e coisas). Acareação. Buscas e apreensões. Prova pericial. Peritos eintérpretes	27º CPR (113 e 114) 28ºCPR (107 e 120) 29ºCPR (108, 114 e 119)	O tema de provas, sobretudo para crimes complexos, é de grande predileção do examinador. Há livro com artigos abordando a temática.
4.a – Princípios e questões relativas aos inquéritos policiais e investigações criminais. Atribuições da Polícia Federal	27º CPR (108 e 114) e 28º CPR (108 e 116)	O tema em questão é de muito interesse para o MPF. Importante saber as hipóteses de arquivamento, o entendimento da 2ªCCR, entendimento do STF/STJ, a possibilidade de reabertura das investigações, acesso às investigações (Súmula Vinculante nº 14) e sobre o novo tema de atribuições da Polícia Federal (leitura da lei correlata).
5.a – Ação penal: espécies. Denúncia. Queixa.	27º CPR (108) 28º CPR (114, 116, 119 29ºCPR (110, e115)	Dê destaque para as diferenças entre as ações penais, o que é exigido para o recebimento da denúncia e queixa.
6.a – Hipóteses e requisitos para arquivamento de inquéritos e investigações criminais.	25º CPR (111), 26º CPR (112), 27º CPR (116) 28ºCPR (108 e 118)	Importante destacar a necessidade do(a) candidato(a) saber bem o tema, notadamente no que diz respeito ao arquivamento indireto, implícito e a possibilidade de reabertura das investigações, levando em consideração as decisões dos tribunais superiores.

Ponto do Edital	CPR que exigiu e o nº da questão	Observações
8.b – Prisões. Espécies, requisitos e cabimento.	26ºCPR (112 e 114) 27ºCPR (113 e 114) 28ºCPR (113) 29º CPR (116)	Tema importante, notadamente em face da leitura constitucional feita pelos tribunais superiores, notadamente no que diz respeito à possibilidade de prisão após a condenação sem segundo grau.
9.b – Medidas cautelares e liberdade provisória no CPP e em leis especiais.	26ºCPR (107, 108 e 112) 28ºCPR (113) 29º CPR (116)	Saber bem os contornos da fiança e o tema das medidas cautelares diversas da prisão.
11.a – Jurisdição e competência.	25ºCPR (112) 28ºCPR (110, 115 e 119) 29ºCPR (106, 108, 115 e 118)	Dar especial destaque para o tema de conflito de jurisdições, competência absoluta e relativa e seus reflexos na investigação e no processo penal.
11.c – Provas ilícitas.	25ºCPR (117) 26ºCPR (109, 117 e 118), 27ºCPR (110) e 28ºCPR (112) 29ºCPR (119)	Tema de muita predileção do examinador. É um dos motivos das propostas legislativas denominadas "10 medidas". Vale a pena a leitura da fundamentação lá constante para saber do descompasse entre a legislação e jurisprudência brasileiras e a dos demais países. Também merece destaque a possibilidade de aplicação do princípio da proporcionalidade, na sua vertente proibição de proteção deficiente e seus consectários na análise da ilicitude das provas.
12.c – Nulidades no processo penal.	25ºCPR (117) 26ºCPR (109, 117 e 118), 27ºCPR (110) e 28ºCPR (112)	Possui muita correlação com o ponto 11.c, portanto aqui cabem as mesmas observações.

Ponto do Edital	CPR que exigiu e o nº da questão	Observações
13.a – Competência da Justiça Federal. Competência por conexão.	26ºCPR (110 e 113), 27ºCPR (111 e 112) e 28ºCPR (110, 111 e 116) 29ºCPR (115 e 118)	Aqui é outro tema de predileção do examinador e da instituição. O tema competência da justiça federal deve ser analisado à luz da jurisprudência do STJ e do STF, além da doutrina correlata. Dar especial atenção também para o tema de modificação da competência ou prorrogação da competência nas causas de conexão (exemplo da Lavajato).
14.b – Recursos: questões gerais, princípios, pressupostos, requisitos, efeitos e espécies.	25ºCPR (115), 27ºCPR (109), 28ºCPR (109 e 115) e 29º CPR (109, 111 e 119)	Saber bem sobre a extensão da proibição da reformatio in pejus (direta e indireta) e a problemática da competência absoluta.
14.c – Juizados especiais criminais.	27ºCPR (109, 119 e 120) , 28ºCPR (106) e 29ºCPR (120)	Saber bem a competência dos juizados e a forma de tramitação dos processos penais, em especial sobre a composição do dano, transação penal e suspensão condicional do processo, além dos prazos e e requisitos para a interposição de recursos.
16.b – Procedimento comum (ordinário, sumário e sumaríssimo)	25ºCPR (116), 26ºCPR (113), 27ºCPR (109), 28ºCPR (115) e 29ºCPR (120)	Necessário o(a) candidato(a) ler os artigos correlatos do CPP e o entendimento doutrinário sobre o tema, em especial a possibilidade de interrogatório por videoconferência, da oitiva de testemunhas, prazos para alegações finais, momento para a produção probatória, preclusão, etc.

TEMAS RELEVANTES

(estudar por manuais e saber a jurisprudência):

Ponto do Edital	CPR que exigiu e o nº da questão	Observações
1.a – Teoria do processo. Princípios constitucionais do processo penal	28º CPR (108 e 111)	Atenção especial para o princípio do venire contra factum proprium no processo penal e seus reflexos (por exemplo, nulidade de algibeira)
3.a – Princípios da ação penal.	27ºCPR (116)	Tema relevante sobretudo em razão da nova configuração do princípio da obrigatoriedade da ação penal em face do direito penal negocial.
4.b – Procedimentos especiais.	25ºCPR (118) 26ºCPR (118), 27ºCPR (112) e 29ºCPR (115)	Muita atenção para a mudança de entendimento do STF sobre a aplicabilidade do procedimento comum aos procedimentos regulados por leis especiais (drogas, crimes militares, crimes eleitorais, ação penal originária). Importante a leitura das leis especiais dos crimes que trazem procedimentos especiais, sobretudo drogas, lavagem, organização criminosa.
4.c – Revisão criminal.	25ºCPR (119) e 29ºCPR (111)	Leitura atenta das hipóteses de cabimento e da vedação de revisão pro societate.
6.b – Medidas assecuratórias ou acautelatórias do CPP e de leis especiais	28º CPR (120) 29º CPR (108 e 119)	Tema importante sobretudo em razão da discussão envolvendo a condução coercitiva. Há um texto excelente no Blog do Vladimir Aras sobre este ponto.

Ponto do Edital	CPR que exigiu e o nº da questão	Observações
6.c – Procedimento relativo aos crimes de tráfico ilícito e uso indevido de drogas	25ºCPR (120)	Saber, como antes referido, a mudança de jurisprudência sobre o tema no STF.
7.c – Prova no processo penal: princípios e questões gerais.	27ºCPR (115) 29º CPR (108 e 114)	Dar especial destaque para o tema das provas, em especial nos crimes complexos, possibilidade de utilização de indícios, prova do dolo (prova diabólica).
8.c – Habeas corpus e mandado de segurança em matéria penal.	25ºCPR (119) e 26ºCPR (106) 29º CPR (111)	Importante tema é a utilização do Habeas Corpus como sucedâneo recursal e o entendimento dos Tribunais Superiores sobre esta temática, além do não acatamento de novo Habeas Corpus em razão da negativa de liminar de Habeas Corpus anterior.
9.a – O Ministério Público no processo penal brasileiro	26ºCPR (112) 27º CPR (116) 29ºCPR(108 e 111)	Tema de grande relevância na atualidade, sobretudo após a confirmação do poder investigatório do MP. Aqui importante o(a) candidato(a) conhecer bem os limites impostos para a investigação por parte do MP, sobretudo pela jurisprudência dos Tribunais.
10.a – Conflito de atribuições entre membros de Ministério Público. Declínio de atribuição	26ºCPR (112) 29º CPR (111)	Dar especial destaque para a mudança de entendimento do STF sobre o tema e sua evolução jurisprudencial.
10.b – Interceptação das comunicações telefônicas e telemáticas.	25ºCPR (114) e 28ºCPR (107) 29º CPR (108)	Necessidade de conhecimento dos entendimentos do examinador e da jurisprudência sobre o tema, em especial no caso de encontro fortuito de provas de crimes de atribuição de outro juízo.

Ponto do Edital	CPR que exigiu e o nº da questão	Observações
11.b – Citações, notificações e intimações no CPP e em leis especiais. Cartas: precatória, de ordem e rogatória	26ºCPR (113)	Muito importante a temática das cartas rogatórias em razão das possibilidades de cooperação internacional e o tema envolvendo a prerrogativa de intimação pessoal no processo penal.
12.a – Execução penal: objeto e aplicação da Lei de Execução Penal. Direitos e deveres da pessoa presa. Órgãos da execução penal. Questões processuais gerais referentes à execução penal. Estabelecimento penais	27ºCPR (112, 113 e 118) 29º CPR (110)	Ressalta-se a importância sobre o entendimento jurisprudencial acerca da possibilidade de execução provisória da pena e a ausência de efeito suspensivo nos Recursos Extraordinários. Muito importante a leitura da Lei de Execuções Penais.
12.b – Sentenças, decisões e outros atos judiciais	26ºCPR (111), 27ºCPR (110) e 28ºCPR (113)	Dar especial atenção à mutatio libelli e emendatio libelli.
13.b – Transação penal e suspensão condicional do processo.	26ºCPR (113) 29º CPR (120)	Vale a leitura da Lei nº 9.099/1995 e da Lei nº 10.259/2001, bem como dos entendimentos doutrinários e jurisprudenciais sobre a temática, além de especial atenção na recente Súmula Vinculante do STF.
13.c – Execução das penas privativas de liberdade. Regimes, questões gerais, progressão, autorizações de saída, remição, monitoração eletrônica	27ºCPR (112) 29º CPR (109 e 110)	Saber bem a possibilidade de progressão de regime, em especial nos casos de crime praticados contra a Administração.

Ponto do Edital	CPR que exigiu e o nº da questão	Observações
15.b – Procedimento relativo aos crimes de competência do Tribunal do Júri.	28º CPR (117) 29º CPR (112)	Leitura do CPP nesta parte e saber bem o que a doutrina comenta sobre as vicissitudes do processo do júri (questionário a ser aplicado aos jurados, possibilidade de desclassificação em plenário, mudanças na pronúncia com a recente reforma do CPP)
15.c – Cooperação internacional: espécies e procedimentos. Convenções internacionais contra a corrupção e contra o crime organizado transnacional.	25º CPR (115) 29º CPR (113)	Saber bem as formas de cooperação internacional (auxílio direto, carta rogatória, transferência de presos, de processos, etc).
17.a – Restituição de coisas apreendidas. Perdimento de bens.	28º CPR (120)	Leitura da legislação correlata e da doutrina respectiva. Dar especial destaque às decisões judiciais.
17.b – Organizações criminosas: conceito. Investigação e meios de obtenção de prova. Lei nº 12.850/2013 e Lei nº 12.694/2012	27º CPR (114)	Leitura da legislação indicada e das discussões doutrinárias envolvendo as novas hipóteses investigativas (agente infiltrado, ação controlada, etc)
18.a – Ação penal originária. Competência, legitimidade, procedimento e requisitos em geral	28º CPR (111) 29] CPR (115)	Leitura dos entendimentos dos tribunais superiores sobre o tema, em especial sobre a remessa de investigação/processo penal quando houve superveniente réu com prerrogativa de foro.
18.c – Regulamento Penitenciário Federal	26º CPR (115)	Leitura da legislação correlata e do entendimento do STJ sobre a temática.

Ponto do Edital	CPR que exigiu e o nº da questão	Observações
19.b – Recursos especial, extraordinário e ordinário. Questões gerais e regras específicas da Lei nº 13.256/2016.[1]	28º CPR (109) 29º CPR (109)	Dar especial destaque às regras restritivas do CPC/2015 para conhecimento, por parte dos Tribunais de segundo grau, dos Recursos extraordinários interpostos e os reflexos no CPP.
20.a – Norma de direito processual penal no tempo e no espaço. Interpretação e integração da lei processual penal	27º CPR (106)	Leitura da doutrina sobre o tema, notadamente no que diz respeito à temática das normas mistas.
20.c – Recurso em sentido estrito. Agravos. Correição parcial.	25º CPR (119) e 26º CPR (120)	Leitura do CPP e saber bem as hipóteses de cabimento.
18.b – Proteção e benefícios legais a réus ou investigados colaboradores. Questões gerais referentes à colaboração premiada.	29º CPR	Percebe-se que houve abordagem pela primeira vez do tema na prova do 29º CPR. Aqui recomenda-se a leitura de artigo sobre o tema e existente no livro "A prova de Enfrentamento à Macrocriminalidade" da Editora Juspodivm[2], no que se refere à confiabilidade do colaborador e à crítica sobre a necessidade de acesso do réu à identificação da testemunha que esteja inserida no programa de proteção.

1. https://www.editorajuspodivm.com.br/a-prova-no-enfrentamento-a-macro-criminalidade-2a-edicao-conforme-novo-cpc.

TEMAS RESIDUAIS
(estudar por resumos, leitura de lei e jurisprudência)

PONTO DO EDITAL	CPR que exigiu e o nº da questão	OBSERVAÇÕES
1.c – Recursos no Processo Penal: Apelação.		
2.a – Sistemas processuais.		Apesar de não ter sido abordado expressamente, este tema é importante para o(a) candidato(a) saber sobre a desmistificação dos sistemas penais, sobretudo sobre a ausência de expressa adoção, pela CRFB-1988, de determinado sistema processual penal, na visão do examinador.
2.b – Coisa julgada e preclusão.		
2.c – Princípios processuais penais no Pacto de São José da Costa Rica.		
3.b – Indícios e questões probatórias.		Apesar de não ter sido abordado expressamente, este tema possui muito peso no MPF, sobretudo a partir dos questionamentos equivocados da necessidade de provas diretas para crimes complexos.
3.c – Recursos no processo penal: embargos de declaração, embargos infringentes e de nulidade e embargos de divergência.		Apesar de não ter sido abordado expressamente, a importância deste tema revela-se a partir da vigência do CPC/2015 e seus reflexos no processo penal.

PONTO DO EDITAL	CPR que exigiu e o nº da questão	OBSERVAÇÕES
5.b – O defensor e o assistente no processo penal brasileiro.		Embora não tenha sido abordado expressamente nas provas anteriores (a partir do 25ºCPR), este tema merece um pouco de atenção do(a) candidato(a), notadamente sobre a extensão dos poderes/direitos do assistente.
5.c – Sigilos: bancário e fiscal.		Embora não tenha sido abordado expressamente nas provas anteriores (a partir do 25ºCPR), este tema merece um pouco de atenção do(a) candidato(a), em especial no que diz respeito às críticas do examinador sobre determinados entendimentos jurisprudenciais e a ausência de análise do tema da "transferência de sigilo".
7.a – Efeitos da condenação. Reparação do dano.		Embora não tenha sido abordado expressamente nas provas anteriores (a partir do 25ºCPR), este tema merece um pouco de atenção do(a) candidato(a), em especial sobre a necessidade de se reparar o dano e a jurisprudência sobre o tema.
7.b – Controle externo da atividade policial.		Embora não tenha sido abordado expressamente nas provas anteriores (a partir do 25ºCPR), importa destacar que houve a criação de uma Câmara de Coordenação e Revisão na PGR sobre para este tema.

PONTO DO EDITAL	CPR que exigiu e o nº da questão	OBSERVAÇÕES
8.a – Condições da ação e pressupostos processuais		
9.c – Execução das penas restritivas de direitos: espécies, forma de cumprimento, incidentes. Execução da pena de multa.		
10.c – Indulto, graça e anistia: procedimento.		
14.a – Questões prejudiciais. Exceções. Conflitos. Incompatibilidades e impedimentos no processo penal. Incidentes de falsidade e de insanidade mental.		
15.a – O Juiz no processo penal brasileiro. Funcionários da Justiça.		Embora seja tema não abordado expressamente nas provas anteriores (a partir do 25ºCPR), o(a) candidato(a) deve dar especial atenção para os poderes do juiz no processo penal, possibilidade ou não de determinar a produção de prova de ofício, limites e extensão disso.
16.a – Proteção especial a vítimas e testemunhas.		Embora seja tema não abordado expressamente nas provas anteriores (a partir do 25ºCPR), recomenda-se aqui a leitura da legislação correlata.
16.c – Competência da Justiça Militar e da Justiça Eleitoral em matéria penal.		

PONTO DO EDITAL	CPR que exigiu e o nº da questão	OBSERVAÇÕES
19.a – Questões processuais relacionadas ao Estatuto do Estrangeiro.		Embora seja tema não abordado expressamente nas provas anteriores (a partir do 25ºCPR), recomenda-se a leitura de artigo no Blog do Vladimir Aras sobre a natureza jurídica da prisão para extradição[3].
19.c – Procedimento relativo aos crimes de responsabilidade (Lei n.º 1.079/1950 e Decreto-Lei nº 201/1967).		Embora seja tema não abordado expressamente nas provas anteriores (a partir do 25ºCPR), recomenda-se a leitura da jurisprudência do STF e dos pareceres da PGR sobre a temática envolvendo o recente impeachment.
20.b – Interrogatório do réu, confissão e perguntas. Procedimentos. Ordem da instrução processual.		Embora seja tema não abordado expressamente nas provas anteriores (a partir do 25ºCPR), atenção para a recente alteração de entendimento sobre o tema pelo STF.

3. PROVAS SUBJETIVAS E ORAIS

O estudo para a prova subjetiva requer do(a) candidato(a) a consolidação da preparação que foi feita para a prova de múltipla escolha. Geralmente, o que se percebe nas provas do MPF é que, entre o resultado da objetiva e o início da prova subjetiva, decorre pouco mais de um mês. Ou seja, no caso do MPF o(a) candidato(a) tem que fazer uma preparação visando ultrapassar estas duas

3. https://blogdovladimir.wordpress.com/2013/11/09/lei-12-8782013-novas-regras-da-prisao-cautelar-para-extradicao/

fases. O estudo bem feito para a prova objetiva pode autorizar o candidato a rever tão somente os temas importantes e relevantes acima destacados, notadamente no que se refere a eventuais mudanças de jurisprudências, às publicações recentes da PGR e/ou do examinador e a leitura de temas que o(a) candidato(a) sinta que ainda não estão consolidados em seus estudos.

O(A) candidato(a) deve procurar refazer as provas subjetivas anteriores como forma de treinar. A quantidade de questões por grupo e a limitação de linhas são fatores que devem ser superados na prova. O poder de síntese será essencial para abordar o que foi perguntado em tão poucas linhas (geralmente 20 ou 30 linhas para as questões e 60 linhas para a peça/dissertação). Muita atenção com os enunciados e recomenda-se destacar na prova o que o(a) candidato(a) acredita que deve ser um ponto abordado em sua resposta.

Não há tempo suficiente para fazer resumo e "passar a limpo" para a folha de resposta definitiva. O que se recomenda é fazer apenas os apontamentos do que você entende que deve ser abordado, na folha de rascunho, e já passar a transcrever a sua resposta para a folha definitiva, pois serão somente 4h (quatro horas) de provas para o(a) candidato(a) resolver 6(seis) questões e uma peça/ dissertação. Por isso a importância do treino antes da prova para condensar o pensamento em frases com conteúdo e que aborde tudo que o candidato ache relevante.

No que diz respeito à prova oral, recomenda-se, acaso se trate de primeira prova oral, a participação em algum curso preparatório para tanto, mas sem se descuidar do conteúdo a ser verbalizado na hora. Como os pontos são sorteados na hora não tem como fazer uma previsão do que poder cair, então é hora de revisar, um a um, todos os pontos da matéria. Lembre-se: treinar é superimportante, principalmente a fala e o conteúdo! Os examinadores são muito solícitos na hora da prova e tentam deixar o(a) candidato(a) calmo(a). A calma na hora da prova lhe assegurará um melhor desempenho, pois o nervosismo atrapalha a formulação das ideias e a sua verbalização.

Voltando para a prova subjetiva, no que diz respeito a direito processual penal, reputo como relevantes os seguintes temas:

a) Ponto 18.b - Proteção e benefícios legais a réus ou investigados colaboradores. Questões gerais referentes à colaboração premiada: como destaquei acima, recomenda-se a leitura de artigos correlatos e existentes no livro "A prova do enfrentamento à Macrocriminalidade" da Editora Juspodivm que divulga artigos de diversos membros do MPF e que abordam a temática da colaboração em dois textos: (i) "O réu colaborador como testemunha" do Dr. Vladimir Aras e (ii) "A colaboração premiada e a criminalidade organizada: a confiabilidade das declarações do colaborador e seu valor probatório" do Dr. Andrey Borges;

b) Ponto 18.a - Ação penal originária. Competência, legitimidade, procedimento e requisitos em geral: notadamente no que diz respeito à competência superveniente e a validade das provas colhidas no juízo até então competente;

c) Ponto 17.b - Organizações criminosas: conceito. Investigação e meios de obtenção de prova. Lei nº 12.850/2013 e Lei nº 12.694/2012. Aqui daria destaque às novas formas regulamentadas para obtenção de prova e os entendimentos dos Tribunais Superiores;

d) Ponto 15.c - Cooperação internacional: espécies e procedimentos. Convenções internacionais contra a corrupção e contra o crime organizado transnacional: aqui recomenda-se o excelente artigo do Dr. Vladimir Aras (Direito Probatório e Cooperação Internacional) publicado no mencionado livro sobre a prova do enfrentamento à Macrocriminalidade;

e) Pontos 11.c-Provas ilícitas e **12.c** - Nulidades no processo penal: aglutinados por possuírem correlação. Aqui se recomenda a leitura das propostas e da fundamentação do projeto de lei denominado dez medidas, que pode ser acessados no seguinte link: www.combateacorrupcao.mpf.mp.br/atuacao-do-mpf/10-medidas.

f) Pontos 11.a-Jurisdição e competência e **13.a** - Competência da Justiça Federal. Competência por conexão: aglutinados por possuírem correlação. Tema de muita incidência nas provas e que é muito exigido dos membros do MPF na prática processual. Importante saber bem a jurisprudência sobre isso e saber bem as hipóteses de modificação/prorrogação da competência nos casos de conexão.

Ultrapassada a fase subjetiva, posso dizer que a prova oral é a fase menos complicada de fazer. O estresse é forte antes da prova. Durante a prova é necessário que o(a) candidato(a) se acalme para conseguir passar para o(a) examinador(a) o conteúdo jurídico que o(a) candidato(a) possui e já foi avaliado em duas provas. Como dito anteriormente, se se cuidar de primeira prova oral, recomenda-se a matrícula em curso preparatório para tanto (há vários, o do Vitorelli, o do Ênfase, do Alcance, Rogéria Guida, etc). Dê preferência para algum que seja específico para o MPF. Recomenda-se, também, fazer grupo para treinar pelo Skype com alguns aprovados (no máximo 4). Esse treino serve para consolidar o conteúdo, pois, como os pontos são sorteados na hora, o(a) candidato(a) tem que se preparar para ser abordado(a) sobre quaisquer dos pontos. De toda forma, o estresse pesado só lhe cercará até o dia anterior à prova oral. O pânico de fazer uma prova oral se dissipa quando você coloca os pés na PGR e entroniza o mantra que "eu fiz tudo que eu podia e estava ao meu alcance".

A prova oral é o momento de mostrar para o(a) examinador(a) que você sabe verbalizar todo aquele conteúdo jurídico que foi avaliado e que lhe colocou ali, na frente deles. Será para provar que a sua aprovação nas fases anteriores não foi em vão e que você de fato está preparado para ser Procurador(a) da República.
